論理的思考のレッスン

内井惣七

筑摩書房

本書をコピー、スキャニング等の方法により無許諾で複製することは、法令に規定された場合を除いて禁止されています。請負業者等の第三者によるデジタル化は一切認められていませんので、ご注意ください。

目 次

新版，はじめに……………………………………11
まえがき……………………………………………15

レッスン1　おかしな推理，まちがった論法……17

あなたの父親は誰か？／英語は何語？／電灯が急に消えたらどうする？／狂った証明？／論理を知らないと裁判にも負ける？

レッスン2　演繹と帰納……………………………31

確実な演繹と不確実な帰納／逆方向の推理／帰納推理はなぜ不確実か／統計に基づく推理／不確実な予測——前向きの帰納推理／自分はあと何年生きられる？

レッスン3　よく考えるための方法——分析……43

デカルトの分析と綜合／発見法としての分析／具体例で使いこなせ！／分析と逆方向の推理／綜合と証明

レッスン4　消去による推理……55

ホームズ得意の消去法／知っていても使いこなせるか？／ジェヴォンズの論理アルファベット／論理アルファベットによる消去法／消去法と分析／論理尺を使って消去法を視覚化する

レッスン5　真理表……67

真理表と論理アルファベット／「ならば」を使った条件文／逆命題／対偶命題／必要と十分／記号の導入／推論の正しさとは何か

レッスン6　三段論法と消去法……81

アリストテレスの三段論法／全称命題と存在命題／ジェヴォンズの論理アルファベットの応用／四つの定言命題／三段論法の正しさを見分ける方法／前提の入力／結論の読み取り

レッスン7　正しい推論とは……95

三段論法はトートロジーか？／論理アルファベットと存在／トートロジーに変換できる三段論法は正しい／特称命題が入った場合も大丈夫／推論の正しさ

はすべてトートロジーで説明できるか／ブール代数について

レッスン8　真理関数と論理回路 1 ……………107

真理関数／真理関数を記号式で表わす／問題解決のための最小単位／選言標準形／信号機の論理構造？／情報伝達の論理的関係／論理回路の構成要素／接続の制限／簡単な論理回路

レッスン9　真理関数と論理回路 2 ……………119

押しボタンの論理回路／スイッチと遅延素子とは分離できる／どんな区別も二値（1と0）の組み合わせで表現できる／真理関数がわかれば回路は描ける／別の解答／押しボタン式信号機の回路

レッスン10　現代論理学の成立 ……………129

命題の基本形式？／変項と関数／変項に関する限量／全称記号と存在記号／複雑な限量も表現できる／定言命題の分析／全称命題と代入例との関係／全称命題と真理関数

レッスン11　述語論理の基本……………………143

自由変項と束縛変項／束縛変項の書き換え／数学における自由変項と束縛変項／限量子が含まれる推理／分析表／真偽を決める綜合的手続き／論理法則の基準？

レッスン12　複雑な関係，単純な妥当性……………157

関係が入った場合の分析表／関係命題の真偽／反証不可能な式が論理法則／論理法則であることの証明／論理法則でないことの証明

レッスン13　論理的分析の応用　1………………171

公理的方法と証明／妥当な式と証明可能な式は一致する／集合の扱いは難しい──論理学から集合論へ／ラッセルのパラドックス／床屋のパズル／形容詞を形容する

レッスン14　論理的分析の応用　2………………183

自己言及あるいは循環／記号自体の構造と記号が表わす意味／分析の成功と不成功／うそつき／パラドックスの分類

レッスン15　明晰に考えるために……197

論理と明晰な思考／論理の基本はトートロジー／述語論理が第一の壁／述語論理の力を鍛えるために／誠実に考えて具体例でチェックする／ことばの意味に注意する／明晰な文／明晰な議論展開／おわりに

参考文献——さらに進んで勉強する人のために……211
索　引……213

論理的思考のレッスン

新版，はじめに

 このたび，わたしの古い著書，『推理と分析』（放送大学教材，1992年刊）がちくま学芸文庫の一冊として再出発する運びとなった。これを機に，ちくま学芸文庫の編集部の方々が知恵を絞って，タイトルも『論理的思考のレッスン』と，原著の雰囲気を残しつつ，一新してくださった。
 わたし自身はといえば，数年前に，京都の某カルチャーセンターで一般向けの論理学の講座を担当するという経験をした。その講座では，論理学などまったく知らない方々を相手に，「論理とはなにか？」から説き始めて，論理のセンスを多少なりとも磨いていただこう，というつもりで話を進めた。その始まりの部分が，本書の読者にも参考となりそうなので，サワリを紹介してみよう。

 旅館の浴場の入り口に，次の掲示がある。

   「ここではきものをぬいでください」

さあ，どうするか？　この有名な例，「論理とはなにか？」に答える一助になる。ズバリ，「どこで線を引くか」で，論理が生まれたり，ナンセンスになったり，意味が変わったりする！　例えば，次のように。

（1）「ここで／はきもの／を／ぬいで／ください」
（2）「こ／こではき／も／のをぬ／いでくださ／い」
（3）「ここでは／きもの／を／ぬいで／ください」

　（2）のように，意味のないところでは，論理は成り立ちようがない。しかし，それを逆手にとって，「笑い」をとる，という手も生まれる。例えば，「弁慶がな，ぎなたを持ってさ」，有名な「ぎなた読み」！「お笑い」では「意味」をナンセンスに変えたり，意味をすり替えたりするのが常套手段。これも，広い意味では，論理的センスの一種だろうか？

　もっと単刀直入には，白い何も書いてない紙に，一本の線を引いて二つの部分にわける。これだけで論理が生まれる。すなわち，「その線のどちら側に入るか」という区別が生まれ，それが論理の始まりとなる。このような線引き，区別が推理と分析の出発点となる。線引きと区別が増えるにしたがって，推理も分析もむずかしくなっていき，人それぞれの「論理的センス」のよしあしが試されることになる。

　では，まず古い「まえがき」に移っていただいて，「推理」と「分析」というコトバの背景を知ることから，論理的センス育成，および正しい推論への道を歩み始めましょう。その前に，本書に再生の道を開いてくださった，ちくま学芸文庫の編集者，平野洋子さんに，「蟻が十」いや，

ありがとうございました。本文については，多少字句を改めたり，少しの挿入をしただけで，内容の変更はしていない。

　2013年 春

まえがき

　本書の（旧版，もとの）タイトル，「推理と分析」ということばを見て，読者はいったい何を連想されるだろうか。「推理」といえば，多くの方は「シャーロック・ホームズ！」と連想が行くだろう。しかし，つぎの「分析」ということばはもっと堅苦しい。このことばを聞いて，「哲学者のデカルトかな？」と思いつかれた方は，かなり豊かな教養の持ち主である。ルネ・デカルトという 17 世紀フランスの哲学者は，よく考えるための方法として「分析する」ということの重要性を強調したのである。

　この本では，名探偵ホームズの名前ぐらいは知っている方々を主たる対象として，筋道を立てた明晰な思考とはどんなものか，またそのためには何が必要かを明らかにしたい。この本のテーマは，「論理的推論」および「よく考えるための方法」なのである。そして，わたしが目指す目標は，論理的推論の原理をわかりやすく解説することだけにあるのではなく，読者の方々にそのような原理をマスターし，具体的に使いこなす域にまで達していただくことにもある。

　これらの目標が達成できるかどうかは，言うまでもないが，わたしの解説や題材提供の適切さだけでなく，読者みずからの努力と実行にもかかっていることを最初にお断り

しておきたい。本文中で何度も述べることだが，説明された原理や方法が**頭でわかった**と思っても，それだけで放っておかないで，**具体的な作業や確認を通じて自分の思考方法として定着させる**（「身につける」）努力が不可欠なのである。

このような努力の結果，初めて，（ホームズ並みとまではいかなくても）長い推論の連鎖を一目で見通したり，複雑な問題を解きほぐして解決の方向を見出す能力，すなわち明晰な思考力，が伸びて来るのである。この本で提供される題材（15回のレッスン）をまじめにこなしてもらえば，ある程度までその能力を引き出すことができるはずである。しかし，それで十分ではないと感じ，さらに勉強を続けたいという読者のために，巻末にいくつかの参考書もあげておいた。

最後に，この印刷教材の編集をはじめ，講義の録音や放送など，多くの方々の緊密な御協力の結果，毎回の講義が成り立っていることを銘記しておきたい。

1991年3月

内井　惣七

レッスン 1

おかしな推理，まちがった論法

論理学など知らなくても，たいていの人は，屁理屈やら詭弁など，おかしな論法に対する感覚はある程度もっているはずである。それを手がかりに，まちがった推論，まちがった論法のどこがおかしいのか，検討してみる。

あなたの父親は誰か？

まず単純な例から話を始めよう。つぎの推論は正しい。つまり，ふたつの前提が本当であれば，結論も本当になるはずである。

(1) あの犬は柴犬であり，しかもあなたのものである。ゆえに，あの犬はあなたの柴犬である。

図1 推論の形式と構成要素

> 本文（1）の推論は，3つの文を含み，最初のふたつと最後のひとつが「ゆえに」ということばでつながれている。論理学用語では前者は「前提」あるいは「仮定」，後者は「結論」と呼ばれる。「ゆえに」（あるいは「したがって」という**推論が行なわれることを示すことば**）は幾何学の証明で見たことのある記号「∴」を使って，つぎのような図式で表わしてもよい。
>
> あの犬は柴犬である。 ……………⎫
> あの犬はあなたのものである。 ……⎬ 前提
> ∴あの犬はあなたの柴犬である。 ………… 結論

しかし，これとまったく同じ形に見えるつぎの例（プラ

トンの対話篇『エウテュデモス』に出てくるソフィストの論法から借りた）はどうだろうか。もちろん，「あなた」は人間であると仮定しておく。

　　（2）　あの犬は父親であり，しかもあなたのものである。ゆえに，あの犬はあなたの父親である。

　人間であるあなたが飼犬のこどもであるわけはないから，この推論が詭弁であることは明白である。しかし，この推論がどこでまちがっているのか，その理由をきちんと指摘して説明できなければ，もっと込み入った例なら引っかかるおそれがある。そこで念のためにそのまちがいを指摘するなら，つぎのようになろう。
　その犬は**子犬**の父親であって，人間である**あなた**の父親ではない。したがって，（1）と（2）それぞれの文法形式は同じに見えても，ふたつの推論の**論理的形式**には大きな違いがあるのである。つまり，

　　（3）　あの犬は柴犬である

のほうは犬の**種類**を述べているのに対し，

　　（4）　あの犬は父親である

のほうは，文面には現われていない**別のものとの関係**を述

べている。その「別のもの」を意図的に第2前提で所有格で現われた「あなた」とすり替えたところが、（2）が詭弁であるゆえんである。「あなたのもの」は、前提では「あなたの犬」の省略形だったはずなのに、（2）の結論部分では「あなたの父親」にすり替わる。ところが、これには所有格の意味だけではなく、二人の間の「親子関係」を述べるという意味もある。

このように、文のもつ表面的な形式だけに惑わされると、とんでもない詭弁に引っかかるおそれがある。

英語は何語？

こどもがよくやる一種の「とんちクイズ」につぎのようなものがある——「英語は何語？」 もちろん、相手が「英語」と答えたら、「えっ、『英語』は日本語やんかー」と切り返し、「日本語」と答えたら、「英語は英語にきまってるー」とやりかえすのである。このばかばかしい例も、論理学では基本的なひとつの区別を（意図的に）おろそかにすることから生じた詭弁である。

もちろん、言うまでもないが、英語は英語であり、「英語」という**ことば**は日本語のことばである。以上のことを明確にするには、（1）ことばを**使って**物事を述べる場合と、（2）その**ことばを名指す名前**（ことばの名前）を使ってことば**について**語ることを区別しなければならない。わかりやすい例で言うなら、「1」はアラビア数字、「一」は

漢数字である。ふつう，いまやったように，これらを引用符に入れてその数字自体の名前と見なす。これらの数字を引用符に入れないでそのまま使うと，その数字が表わす数について語ることができる。この違いは，つぎの文を見れば明らかである。つぎの（3）は**数字について語る文**，（4）と（5）は**数字を使って数について語る文**である。

（3）　「1」はアラビア数字である。
（4）　1は一つの自然数である。
（5）　一たす一は二である。

電灯が急に消えたらどうする？

　近ごろはめったに停電しないし，ヒューズ（フューズのほうが正確）も飛ばないし，電球の性能も良くなったから，突然に電灯が消えて困るという経験は少なくなった。しかし，わたしがこどもの頃（昭和20年代）にはそんなことはしょっちゅう起きた。さて，読者の皆さんは，もしそんな目にあったとしたら，どのように推理してどのような対策をとられるだろうか。このありふれた問題は，じつは論理学のいろいろな話題を紹介するのに，きわめて有益な例を提供してくれるのである。まず，いくつか答えの選択肢を列記してみよう。

（1）　原因がわからないのだから，電気屋さんに電話

して来てもらう。
（2） つぎのように推理する。「停電なら，もちろん電灯はつかない。ところが事実電灯は消えている。ゆえに，停電である」
（3） つぎのように推理する。「停電であるか，電球のフィラメントが切れているなら，電灯はつかない。ところが事実電灯は消えている。そこで，ふたつの可能性のいずれかなのだから，まず電球を取り換えて，それでもつかなければ停電であると結論する」
（4） お隣や近所の電気がついているかどうかまず確かめる。もし消えていれば停電だから仕方がない。もしついていれば電球を取り換える。

　まさか（1）の答えで満足した方はおられないと思うが，（3）や（4）でも完璧だとは言えないのが論理学のむずかしいところである。

　この問題は，第1に（a）**帰納**と**演繹**の区別を言うのに利用できる。また，演繹論理の問題に限ったとしても，（b）必要条件と十分条件の区別を示すのに有益な例となるのである。（2）や（3）の推理は，演繹的推論の例としては正しくないのである。演繹的推論とは，「前提がすべて本当であれば，結論も必ず本当である」という保証のある推論である。帰納的推論についてはその保証がない。この区別については章を改めて詳しく論じるが，さしあた

って（2）がこの条件を満たさないことは、つぎのように考えてみれば明らかである。前提の「停電なら電灯はつかない」と「電灯は消えている」は、この場合もちろん本当であると見なしてよい。しかし、もし、停電ではないがヒューズが飛んだ（あるいはブレーカーが切れた）ので電灯が消えたのだとしたら、**結論はまちがいである。**つまり、この時、**前提はすべて本当なのに結論はまちがいとなる。**この可能性がありうるので、（2）の推論は演繹的には正しいといえないのである。

同じことは、必要条件と十分条件の区別を使っても表現できる。停電しておれば必ずこの電灯は消えている。このように、前者が後者より強い条件であるとき、「前者は後者の**十分条件である**」という。逆に「後者は前者の必要条件である」という。そこで、十分条件から必要条件を推論するのはつねに正しいが、逆に必要条件から十分条件を推理するのは、誤りを犯す可能性が大いにあるのである。

以上の点を理解したなら、（3）や（4）の推理でさえまちがった結論にいたる可能性がある（ヒューズあるいはブレーカーが切れていたとしたら）ので、論理的に完璧な推論だとはいえないのである。このたぐいの、必要条件から十分条件を誤って結論する例は枚挙にいとまがない。そこで一問。

（5）　この講義の単位を取るためには、講義をまじめに聞いて試験を受けなければならない。では、

講義をまじめに聞いて試験を受ければ，必ず単位が取れるだろうか？

狂った証明？

『不思議の国のアリス』第6章で，いつもニヤニヤ笑い，出たり消えたりするチェシャ猫というのが出てくる。アリスはこの猫に道をたずねるが，そこの会話ではつぎのような論法が現われる。アリスは，鋭くこれが詭弁であると見抜くのだが，いったいどこがどうおかしいのだろうか（以下の引用は拙訳。『不思議の国のアリス』と『鏡の国のアリス』のおもしろい「論理ギャグ」についてはつぎの拙著で分析したので，興味のある方は参照されたい。『推理と論理』〔講談社現代新書，1989〕の「ルイス・キャロルの論理ギャグ」巻末参考文献）。

　「でも気が狂った人たちのところへは行きたくないわ，わたし」
　「仕方がニャーがよ。ここに住んどるもんはみんな気が狂っとるんだニャー。わたしも狂ってるし，あなたも狂ってる」
　「どうしてわたしの気が狂ってるっていえるの」
　「決まってるニャー。気が狂っていなかったら，ここへ来るはずがニャー」

この論法を再構成してみよう。**これから証明すべき命題**はつぎのものである（話を簡単にするため,「ここに住んでいる」と「ここにいる」とは同じ意味だと理解しておく）。

　　（１）　ここに住んでいる者はみな気が狂っている。

ところが，これを言うためには，ここに住んでいる者たち一人一人の具体例について，その人が気が狂っていると示さなければならない。そこで，アリスはその点を鋭く突っ込むのだが，チェシャ猫はつぎの論法で答えている。

　　（２）　アリスの気が狂っていなかったなら，彼女はここにはいないはずだ。ところが，彼女は事実ここにいる。ゆえに，彼女は気が狂っている。

ところが，この論法の最初の前提は

　　（３）　アリスがここにいるならば，彼女は気が狂っている

と同じことを言っている（レッスン5でふれるが，(２)と(３)は互いの「対偶」と呼ばれる）。そして，

　　（４）　アリスがここにいる

という第2前提は本当だから,これらふたつから,

　(5)　アリスは気が狂っている

という結論が導かれる。この推論自体は正しい。しかし問題は,第1前提の(3)が本当かどうか示されていないことにある。(4)の事実のもとで(3)を仮定することは,**これから証明すべき**(5)をあらかじめ仮定してしまう「論点先取」の誤りを犯すことになるのである。

　もちろん,(1)と(4)からも(5)が導かれるが,(1)自体,これから証明すべき命題なのだから,これも(5)の証明としては明らかな論点先取なのである。以上のことは,たいていの人には直観的に把握できているはずである。しかし,その直観的に把握できていることをきちんと分析し,その原理を明らかなかたちで取り出すのが論理学のひとつの仕事なのである。

論理を知らないと裁判にも負ける？

　これまでの例はそれほどむずかしいものではなかった。しかし,古代ギリシアの有名なソフィスト,プロタゴラスの訴訟の話を分析し,解きほぐすのはかなりむずかしい (*The Attic Nights of Aulus Gellius*, Bk. V. x. Loeb Classical Library)。

　プロタゴラスは名高いソフィストで,弁論術などを人に

教えて生計を立てていた。彼はあるときエウアトルスという弁護士をめざす生徒を教えた。その授業料は，半分を最初にもらい，「残りの半分はエウアトルスが**最初の訴訟に勝てば**支払ってもらう，負けた場合には免除する」という約束であった。ところが，授業が終ってしばらく経つのに，エウアトルスはいっこうに訴訟を取りあげる様子がなく，残りの半分の授業料も払わない。とうとう業を煮やしたプロタゴラスは「授業料を払え」と彼を訴え，その裁判でつぎのように論じた。

(1) もしエウアトルスがこの裁判に勝ったなら，彼はわたしとの約束によって授業料を支払う義務があります（これが彼の最初の訴訟になりますから）。他方，彼がこの裁判に負けたとしたなら，そのときは判決により授業料を支払う義務が生じます。したがって，いずれにせよ彼は授業料を支払わなければならない。

ところが，プロタゴラスの授業で弁論術のウデを上げたエウアトルスも負けずにつぎのように論じたのである。

(2) もしプロタゴラスがこの裁判に勝ったなら，わたしは最初の訴訟で負けたことになるのだから，プロタゴラスとの約束により授業料支払いを免除されるはずです。他方，彼がこの裁判に負け

たとしたなら，そのときは判決により彼の請求は退けられ，わたしには支払いの義務がありません。したがって，いずれにせよわたしに支払いの義務はないのです。

さて，どちらもなかなか説得的な議論なのだが，いったいどちらが正しいのだろうか。話を簡単にするため，約束は守らなければならないと前提し，さらに，この裁判がエウアトルスの最初の裁判であるという事実にも問題はないと見なす。そうすると，

(3) この約束が守られるためには，① エウアトルスがこの裁判に勝てば彼は授業料を支払わなければならないし，② 負ければ支払わなくてよい。

他方，裁判の判決に即していえば，

(4) ① エウアトルスが勝てばプロタゴラスの訴えは退けられ，支払い義務は生じないし，② 負ければプロタゴラスの訴えどおり支払わなければならない。

この分析結果を，エウアトルスが勝ちの場合と負けの場合に整理し直してみれば次表のようになる。

表1　約束の義務と判決の結果

	約束に従えば	判決に従えば
エウアトルスが 勝ちの場合	支払わなければ ならない	支払わなくてよい
エウアトルスが 負けの場合	支払わなくてよい	支払わなければ ならない

　この表から明らかなように，いずれの場合も，約束を守りかつ判決に従う，ということは不可能である。なぜなら，いずれの場合も一方から出るはずの義務が他方によって否定されるからである。そこで，この問題の解決はつぎのようになろう。プロタゴラスとエウアトルスの約束を裁判によって決着をつけることは，その約束の内容によってまさに不可能となるのである。両者の言い分ともに，互いに矛盾する結論のうち，自分に都合のよいほうだけを取って他方を無視するという詭弁に基づいている。したがって，どちらの言い分も不正確である。正しい結論は，「どちらの言い分も部分的に正しく，ともに成り立つ。そしてそれゆえ矛盾が生じる」となる。

　ちなみに，この訴えを受けた陪審員たちは，よく考えたうえ，判決は下さず延期したそうである。いずれにせよ，

プロタゴラスが仕掛けたワナは失敗し，目的は達せられなかった。

レッスン 2

演繹と帰納

推論や証明を論じる際に忘れてはならないひとつの基本的な区別——演繹と帰納。前者は，前提が正しければ結論も必ず正しいと保証できる推論である。後者は，そのような保証はないが，経験の積み重ねなどにより，たぶんまちがいないだろうと見なされる推論。

確実な演繹と不確実な帰納

　先の電灯の例でふれた演繹と帰納の区別についてもう少し詳しく説明してみよう。この区別に対応するのは、つぎのふたつの推論である。

（1）　停電であるならば電灯はつかない。ところが、事実、停電である。したがって電灯はつかない。
（2）　停電であるならば電灯はつかない。ところが、事実、電灯はつかない。したがって、（たぶん）停電である。

　話を不必要にややこしくしないため、自家発電装置があるとか、電池で電灯がつくとかの可能性はすべて除外して考える。そうすると、（1）については、ふたつの前提が本当であれば、結論も必ず本当である（ヒューズが切れていようがいまいが、停電なら電灯はつかない！）。ところが、（2）についてはそんなことは言えない（電灯がつかない原因は停電ではなくヒューズかもしれない！）。そこで、帰納推理の場合には、かっこのなかに入れたように、「たぶん」という用心が必要なのである。

　この「たぶん」は、条件によって当たりはずれの度合いが変わるかもしれない。たとえば、隣近所を見てやはり電気が消えているなら、この推理が当たっている確率はグンと大きくなるのである。こういった事情で、帰納推理につ

きものの確からしさや不確実さを確率で表わそうという考え方も有力なのであるが、この本ではこれ以上立ち入らない（興味のある方は、前掲の『推理と論理』を参照されたい）。

逆方向の推理

　それはともかく、（1）と（2）をよく眺めると、ひとつ面白いことに気がつく。どちらも最初の前提は「ならば」でつながれた条件文である。ところが、第2前提と結論の順番が（1）と（2）では逆転しているのである。このように言えば、「帰納とは演繹の逆だ！」という考えが読者にひらめくかもしれない。これはなかなか鋭い着想であり、御存知シャーロック・ホームズも実質的にこれと同じ指摘をしている。

> 「いつかも話したけど、異常な出来事というものは、理解の手がかりにこそなれ、決して障害にはならないね。こういう問題を解く場合に、いちばん肝心なのは、逆方向に推理できる能力があるかどうかという点だね。これは実に有効な方法で、しかも簡単にできることなんだが、世間の人はこれをあまり使っていない。日常の生活では前向きに推理するのが役立つ場合が多いから、逆方向に推理するほうは無視されやすいんだな。綜合的推理ができる人が五十人に対して、分析的推理のできる人は一人という比率かな。……たいていの人

は，一連の出来事を示されると，そのつぎにどういう結果が生じるかを予測できるだろう。つまり，これらの出来事を心のなかでつなぎ合わせて，そこからこういうことが起きるはずだと推論するわけだな。ところが，あるひとつの結果を聞いて，その結果に至るまでにどんな段階があったかを，頭のなかで論理的に展開できる人は，ほとんどいない。ぼくが逆方向の推理とか分析的推理というのは，こういう能力を指すんだよ」（コナン・ドイル『緋色の研究』第2部，第7章。引用の訳は，鮎川信夫氏の『シャーロック・ホームズ大全』講談社，1986所収のものにおおむね基づくが，原典を参照して，わたし自身の責任と判断で語句や言い回しを変えてある。なぜかといえば，とくに論理学や哲学の用語について，従来の翻訳は不正確で，ホームズの「論理学者」としての側面を不明瞭にしている，とわたしは考えるからである。これについても，前掲の『推理と論理』を参照されたい。）

この引用のなかにはいくつか難解なことばが含まれるので，その趣旨を完全に理解することはむずかしいかもしれない（ホームズの相棒ワトスンも「分析的推理」と「綜合的推理」とは何のことやらチンプンカンプンであった。これはレッスン3で説明する）。しかし，じつはレッスン3の話にもかかわりがあるので，あえてここにあげた次第である。さしあたって必要なのは，「前向きの推理」と「逆方向の推理」

であり，これらが先の（1）と（2）にそれぞれ対応しているのである。これがわかりにくければ，「停電ならば電灯はつかない」をひとつの因果関係と見なして前提し，原因から結果を予測するのが「前向き」，結果から原因を推理するのが「逆方向」の推理だと考えればわかりやすい。

帰納推理はなぜ不確実か

因果関係を知ったうえで原因から結果を予測するのは演繹的推論によってできる。まさにそれが（1）にほかならない。しかし，同じ因果関係を知っていても，**同じ結果は異なった因果関係によっても生じうる**ことに注意されたい（停電ではなく，ヒューズが飛んでも電灯は消える！）。そこで，(結果から原因を推理する)「逆方向の推理」のほうが一般にはむずかしく，かつ不確実性を伴うのである。

表2 演繹的推論と帰納推理の対比

演繹的推論（前向きの推理）	帰納推理（逆方向の推理）
停電なら電灯はつかない。そして停電である。∴電灯はつかない。 ヒューズが飛んだら電灯はつかない。そしてヒューズが飛んだ。∴電灯はつかない。 電球が切れたら電灯はつかない。そして電球が切れた。∴電灯はつかない。 ＊　＊　＊ 　これらはいずれも因果関係と原因から結果を推理する。 　いずれについても，前提が本当であれば**必ず**結論も本当である。前提と結論のつながりは**確実**である。	停電なら電灯はつかない。そして電灯はつかない。∴たぶん，停電である。 ＊　＊　＊ 　因果関係と結果から，原因を推理する。 　左に挙げたように，電灯がつかない原因はたくさんありうる。したがって，前提が本当であっても結論がまちがっていることも**ありうる**。前提と結論のつながりは**不確実**である（だから「たぶん」としか言えない）。

統計に基づく推理

 じつは，帰納推理には，表2に示したような確実な因果関係に基づくものだけでなく，統計的な（したがって不確実な）関係に基づくものもある。たとえば，公正なサイコロを数多く投げると，1から6までの目が出る割合はほぼ等しくなるはずである。しかし，60回投げたら1の目が必ず10回（すなわち6分の1）出ると予測できるかといえば，そんなことはできない。これは統計的な関係だから，不確実なのである。ただ，60回投げた場合に1の目が3回しか出ない確率よりは，10回出る確率のほうがはるかに大きいということは数学的に計算できる。そして，このような統計的な関係に基づいても帰納推理はできるのである。

 たとえば，サイコロを100回も投げ続けているのに1の目が2回しか出なかったとしたら，このサイコロは偏った（ヤクザ映画でいうなら「イカサマ」の）サイコロではないかと疑ってみる理由がありそうである。これも立派な帰納推理である。もちろん，因果関係に基づく原因の推理の場合と同様に不確実な結論しか導けないが，科学や実生活で十分役に立つ。この推理を図式的に表現してみるなら，つぎのようになろう。

 （3） このサイコロを100回投げて1の目は2回しか出なかった。（a）もしこのサイコロが公正な

ものであるなら，100回投げて1の目が2回しか出ない確率は相対的にきわめて小さいから，この事実は（統計的に）説明しにくい。（b）他方，もしこのサイコロが偏っていて1の目が出にくいのだとしたら，この事実は説明しやすい。したがって，（b）の仮説のほうが確からしい。

　この推理でも，（a）（b）それぞれの仮説から導かれるはずの結果と事実とを突き合わせ，事実に合致しやすいほうの仮説が確からしいと結論するのだから，全体の推理は「逆方向」の推理になっていると見なしてよい。ただし，すべての帰納推理が逆方向の推理だと速断してはいけない。

不確実な予測──前向きの帰納推理

　不確実な帰納推理のもうひとつの典型的な例は，過去に観察された規則性に基づき，未来の事象を予測する場合に見られる。たとえば，ここに袋がひとつあって，なかには玉がたくさん入っているとしよう。ただし，それらの色はわからないものとする。しかし，無作為にいくつか取り出して，それらの玉が全部白だったとしたらどうだろうか。つぎに取り出す玉の色を予測するとしたら，多くの人はつぎのように推理するに違いない。

　　（4）　いままで取り出したn個の玉は全部白だった。

したがって，たぶん，つぎの玉も白である。

しかし，別の色の玉が出てこないという保証はないので，これは演繹的推論ではなく不確実な予測なのである。これは「原因へさかのぼる推理」ではなく，未来への予測だから，「前向き」の帰納推理だと言わざるをえない。

自分はあと何年生きられる？

つぎに，統計的関係に基づく身近な推理の例として，人の生死に関する予測を考えてみよう。結婚して配偶者やこどもができたら，たいていの人は生命保険に入ることを考える。わたしは保険会社の回し者ではないが，それは合理的なことであると言ってよい。なぜだろうか。ひとつの理由は，人の生死に関する統計的な規則性があって，個人の生活設計を考える上でも，そのような規則性を参考にするのが賢明だと言えるからである。

人間だれしも自分が明日死ぬとは思わないし，また思いたくもない。しかし，そんなことは絶対あり得ないとは言い切れないのである。それどころか，大勢の人間を対象にして生き死にの統計をとると，年令によってじつに見事な規則性（統計的規則性）が現われるのである。そこで，特定の人をとりあげて，その人があと何年生きるかという確実な予測はできないけれども，その人と同年令の人があと何年生きるかについては，統計的にかなり精密な割合が出

せる。新聞で時々みかける「日本人の平均寿命がまた延びた」というニュースは，こういった統計的調査に基づいているのである。

そこで生命保険の話に戻ると，御存知のように，若い人ほど保険の掛金は安い（同額の保険金に対し）。これは，いま述べた統計的規則性と，保険会社の側での損得の計算から割り出された規則性である。さて，保険に入る側では，①保険に入った場合の得失と②保険に入らない場合の得失を比較し，①のほうが全体として有利だと見なせるなら，そちらを選ぶのが合理的である。この判断は，おおざっぱに言って（a）自分が予想以上に生き延びる場合と（b）予想より早く死ぬ場合のふたつに分け，それぞれの場合に想定される結果を考えた上で為されなければならない。わかりやすくするために，かなり単純化してその得失比較をやってみれば，たとえばつぎのようになろう。

① ｛ (a) 無駄に払ったことになる掛金の総額（損）
　　(b) 自分が死んだ場合に支払われる保険金（得，あるいは遺族にとっては不幸中の幸い）
② ｛ (a) 節約できる掛金の総額（得）
　　(b) 死んだ場合に遺族にふりかかる困難（損）

ところが，この比較ではまだ肝心な要素がひとつ抜けているのである。それは（a）に転ぶか，それとも（b）に転ぶか，それぞれの**確率の大きさ**を考慮しなければならな

いということである。極端な場合，もし100パーセント必ず（a）になるのなら，明らかに②（保険に入らない）のほうが得である。逆に，必ず（b）になると言えるのなら，迷うことなく①（保険に入る）を選ぶのが得である。普通はこれらふたつの極端の間のどの辺に自分のケースが入るのか推理しなければならない。これは自分の年令や健康状態，あるいは生活習慣（タバコをのむか，適度の運動をしているか等）などによって変わる不確実な推理である。しかし，ひとつの有力な目安になるのは，大勢の人の統計から割り出された「平均余命」（もっともありそうな可能性として，あと何年生きられるか）である。このような平均余命を自分の場合に適用する，あるいはそれに自分の場合の特殊性を加味してプラスマイナスをつける，というのが一種の帰納推理に当たる（表3を参照）。問題は，この推理が本質的に**予測**（前向き）のかたちだから，先の（2）のような「逆方向」のかたちには書けそうにないことである。このように，帰納推理にはなかなか単純に割り切れないところがあってむずかしい。

　帰納推理をめぐっては興味深い問題がたくさんあるのだが，これ以上の説明は省略し，以下では演繹論理だけに話題を絞る。何といってもこれが論理学の基本であり，これをしっかり押えておかないことには，帰納推理の微妙な問題などきちんと扱えるはずがないからである。

表3 保険と帰納推理

	（a） 長生きした場合	（b） 早死にした場合
① 保険に入る	長年掛金を払ったその総額がムダになる（損）	遺族に保険金が入って，大きな助けになる（得）
② 保険に入らぬ	保険の掛金総額に相当する分，他に有益に使える（得）	遺族は，たちまち経済的にも困難に直面する（損）

　ふたつの選択肢①と②のどちらが全体としてより有利か，それは（a），（b）それぞれの場合の損得の見積りだけでなく，確率の見積りにも依存する。（b）の早死にの確率がある程度以上あると推理されるなら，①を選ぶのが合理的である。

レッスン3

よく考えるための方法——分析

古来，何人かの有名な思想家が，よく考えるための方法や，厳密な証明の原理に関していくつかの提案を行なってきた。ここではデカルトの提案を紹介し，シャーロック・ホームズの「逆方向の推理」との類比を明らかにする。

デカルトの分析と綜合

　さて，演繹的推論に話をかぎることにしても，まちがいのない推論をし，よく考えるためにはどのようにしたらよいだろうか。この点に関しては，先のホームズからの引用にも出てきた「分析と綜合」の区別を忘れるわけにはいかない。この区別は，じつはホームズの独創ではなく，17世紀の哲学者デカルト（1596-1650）に由来するものである。『方法序説』，より詳しくは『理性をよく導き，もろもろの学問において真理を求めるための方法についての序説』（1637）という本のなかで，デカルトは，自分の若い頃の知的遍歴を述べた後，タイトルにある「真理を求めるための方法」として**自分が十分だと確信した**4つの規則を述べてくれる（第2部）。

（1）　明証的に真であると認めたうえでなくては，いかなるものをも真として受け入れないこと。言い換えれば，注意深く速断と偏見とを避けること。

（2）　扱われる問題の各々を，できるだけ多くの，そしてその問題をもっともよく解くために必要なだけの数の，小部分に分けること。

（3）　自分の考えを順序にしたがって導くこと。もっとも単純で認識しやすいものから始めて，少しずつ，いわば段階を追って，もっとも複雑なも

ものの認識にまでのぼっていくこと。
（4） 何ものをも見落とすことがなかったと確信できるほどに完全な枚挙と，全体にわたる見直しとを，あらゆる場合に行なうこと。

　これら4つの規則（とくに（2）が分析，（3）が綜合にかかわる）は抽象的に字面を追って読んだかぎりでは，「ごく当り前のことしか述べてないではないか，これがホントに真理発見に有効なのか」と不満を感じる読者が多いかもしれない。事実，わたしが若いときに『方法序説』を初めて読んだときもそのような印象を受け，読んで損したような気がしたものである。しかし，その後論理学や哲学の道に励み，及ばずながらデカルトと似た経験を積んだ後では印象がまったく変わった。

　まず，これらの規則は，具体的な問題に即して使いこなしてみなければその威力がなかなかわからないのである。第2に，これらの規則を十分に使いこなすことは，一見して考えたよりは，はるかにむずかしい。たとえば，一見なんでもないように見える（2）や（3）も，大きな知的努力を要するのである。

発見法としての分析

　デカルト自身がどのような経験を経てこれら4つの規則にたどり着いたのか，その経緯は野田又夫氏の名著『デカ

ルト』(岩波新書, 1966) にわかりやすく説明されている。デカルトが求めた学問の方法は，いろいろな内容をもつ知識に共通な**形式**にかかわる。そこで，そういう形式を扱う古来の学問，論理学と数学が彼の関心を引く。要するに，新たな真理を発見するための形式的方法を求めて，彼は論理学と数学を吟味してみるのである。ところが当時の論理学は，アリストテレスに由来する三段論法の理論（以下のレッスン6を参照）を中心とするごく限られたものでしかなかった。発見法を求めるデカルトは，これには満足できず，数学に向かう。

　それでは数学のどこに目をつけたらよいか。ユークリッド幾何学は定義と公理とから出発して諸定理を「証明」するが，いま求めるのはこの演繹的「証明」の方法ではない。これはすでに与えられた命題を理由づけることであるが，求めるのは未知の命題を発見する方法形式なのであります。デカルトが着目するのは，作図題の解を発見するときの手続き，すなわち幾何学で「解析」と呼ばれる手続きであります。それは証明とは逆のやり方であって，図形がすでに与えられたと仮定して，それの条件にさかのぼって行き，すでに知られた条件に達する（すでに知られている作図法に達する）ことである。……

　さて幾何学者が図形に対して用いた「解析」の手続きを，数に応用したものが「代数」であるとデカルト

はみとめます。われわれも中学校で学んだように，算術から代数に入ると，応用問題が与えられたとき方程式を立ててそれを解いて答えを見出すという手続きが用いられる。これは，求める未知量を x と置いて既知量と同じ扱いをして，問題に示された条件のすべてを表現する式すなわち方程式を作るというやり方である。それは，幾何学の作図題の場合に，求める図形がすでに画きえたと仮定するというやり方と同じやり方なのであります。(同書，64-65 ページ)

以上の引用は，規則（2）でいわれた「分析」の本質をじつに見事に過不足なく説明している（ちなみに，「解析」も「分析」も英語では同じ「analysis」である）。しかし，読者の皆さん（やわたし，すなわち凡人）には，これで完全にわかった**つもり**になってもらっては困るのである。われわれ凡人の知性は悲しいもので，抽象的な原理を字面で読んで完全にわかった**つもり**になっても，イザその具体例が出てきた時にきちんとそれを応用できるかといえば，そうはいかない。逆に，「**なんにも**わかっていなかった」ことを再確認する始末になりかねない。

具体例で使いこなせ！

そこで，わたしは凡人のための補助規則として，つぎの提案を付け加えたい。

(5) 抽象的原理,規則や説明を理解するためには,最低限いくつかの**具体的適用例**でそれらを確認してみること。

たとえば,先の引用で出てきた作図題の解析が分析の典型だというのなら,**そのことを具体的に確かめてみよう**。「与えられた角をコンパスと定規だけを使って二等分せよ」というもっとも初歩的な例をとってさえ,思わぬ見落としや発見がありうる。たとえば,この例で規則(2)の「小部分」に当たるのは何だろうか?

それは読者にお任せするとして,ここでは「二乗すると9になる数は何か」というじつに単純な代数の例を考えよう。この数を x とおけば,問題の条件は

(a) $x^2 = 9$

となり,これを因数分解すれば(これが**分析**に当たる)

(b) $(x-3)(x+3) = 0$

となる。この解は,もちろん

(c) $x = 3$

または

(d) $x=-3$

である。

分析と逆方向の推理

ところが、それぞれの解にいたる推理は、ホームズの言う「逆方向の推理」と同じかたちにできる。先に、因果関係を使った帰納推理が典型的な「逆方向の推理」だと言った（レッスン2（2））が、じつは数学における演繹的推論にも「前向きと逆方向」の区別がつけられるのである！ なぜなら、まず、（c）を仮定すれば（a）がいえる（同様に（d）を仮定しても（a）がいえる）ことに注意しよう。すなわち、

(e) $x=3$ ならば、$x^2=9$

が成り立つ。ところが、これと最初の（a）を組み合わせると表4に示すように、

表4 分析と逆方向の推理との対比

分析の過程		逆方向の推理
$x^2=9$ となる数 x を求めたい。	↔	電灯が消えた原因を求めたい。
そこで,この式を分析し,それを成り立たせるより基本的(単純)な条件にさかのぼる。	↔	そこで,「電灯が消える」という結果をもたらす因果関係を分析し,その原因にさかのぼる。
$x^2=9$ であるためには,$x^2-9=0$。そのためには,$(x-3)(x+3)=0$。そのためには,$(x-3)=0$,または $(x+3)=0$	↔	電灯が消えるためには,停電であるか,またはヒューズが飛ぶか,または電球のフィラメントが切れるか…,いずれかである。
この過程は,つぎの演繹(⇒)関係を逆にさかのぼり,求める解にいたることだと見ることができる。	↔	この過程は,因果関係を利用したつぎの演繹を逆にさかのぼり,原因を推理することだと見ることができる。
$\begin{cases}(x-3)(x+3)=0 \Rightarrow x^2=9 \\ (x-3)=0 \Rightarrow (x-3)(x+3)=0 \\ (x+3)=0 \Rightarrow (x-3)(x\end{cases}$		停電ならば電灯が消え,しかも停電である⇒電灯が消える ヒューズが飛んだなら電

$\{(+3)=0$	灯が消え，しかもヒューズが飛んでいる⇒電灯が消える …

(f) $x=3$ ならば $x^2=9$ であり，しかも，事実，$x^2=9$ である。したがって，(たぶん) $x=3$ である

となって，これはまぎれもなく「逆方向」の推理である。(c) や (d) の条件は (a) より単純で強い。そこで，(a) を成り立たせる根拠，理由，あるいはより単純な条件に**さかのぼる**「逆方向」の推理が規則 (2) で言われた**分析**と一致するのである。ふたつの解のそれぞれが規則 (2) でいわれた「小部分」にほかならない。ここまでわかって初めて，レッスン 2 のホームズからの引用で言われた「分析的推理」の意味が十分に理解できるのである (表 4 参照)。

ただし，(c)(d) にいたる推論が帰納推理と違うのは，**これらのふたつの解を合わせると** ($x=3$ または $x=-3$，と「または」でつなぐ)，もとの方程式 (a) と同等になるところである (なぜなら (a) と (b) が同等だから)。同じことは，規則 (4) に即して，「これらふたつの解で**すべての可能性が尽くされている**」と表現しなおすこともできる。

レッスン 3 よく考えるための方法——分析 051

それゆえ、（ふたつの解にいたる）全体の推理は演繹的で確実になるのである。これは現代論理学では簡単に示せるが、デカルトの時代の論理学ではそれほど明確にできなかった。そこで、デカルトはみずからの方法が新しい独創的なものだと自負したのである。

綜合と証明

ついでに、デカルトのその他の規則についても簡単な説明を加えておきたい。分析の逆に当たるのが規則（3）の綜合である。これの具体例が知りたければ、たとえば上の（e）を見ればよい。より単純な真理からより複雑なものが合成され、証明される過程が綜合である。その際、（e）は成り立ってもその逆は成り立たないように、複数の真理の間にはおのずと順序がある。規則（3）はそのことを言っている。

しかし、このような考え方を徹底して追究すればどうなるだろうか。複雑な真理をより単純な真理に分析していくと、可能性は2通り考えられる。ひとつは、分析には行止りがなく、**もっとも単純で**究極的な真理などはないという可能性である。しかし、デカルトはこの可能性を認めなかった。もうひとつは、分析には行止りがあって、何らかの自明の真理、それ以上さかのぼることのできない真理があるという可能性である。デカルトがとるのはこの立場であり、そこで規則（1）の明証性に関する基準が利いてくる

のである。『方法序説』の第四部では，いくら疑おうとしても，その疑い自体から真であると認められなければならない自明の真理として「われ思うゆえにわれあり」という有名な第1原理が立てられる。そして，そこから始めて他の真理を導き出そうという試みが展開されるのだが，これについては立ち入らない（野田氏の前掲書を参照）。現代論理学の観点からすると，確実な演繹においては前提のほうが結論より強くなければならないから，このようなやり方で実質的内容の豊かな学問体系は築けないからである。

　しかし，このような欠点にもかかわらず，分析の重要性を指摘したデカルトの功績はきわめて大きい。その意義が**具体的なかたちで**認識されていくには，デカルトのあと300年以上もかかっている，といってもいいすぎではない。レッスン4では，19世紀の後半に入って初めて明らかにされた分析的方法の成果をひとつ紹介したい。

レッスン 4

消去による推理

演繹的推論の実例としてもっともわかりやすいのは,「消去による推理」である。これは,ホームズが得意な方法である。記号論理学の技術を使ってこのような消去の原理を明らかにしたのはジェヴォンズであるが,それは簡単な工夫で視覚化できる。

ホームズ得意の消去法

　コナン・ドイルの長編『四つの署名』の冒頭，第1章で，消去による推理のきれいな例が出てくる。ある日の午後，シャーロック・ホームズは退屈しのぎにコカインの7パーセント液を注射するが，かねてよりこの悪癖を苦々しく思っていたワトスンにとがめられて会話が始まる。話題はいつしか「観察と推理」というテーマに及ぶのだが，ホームズは小手調べとして「観察によれば，きみは今朝ウィグモア街の郵便局へ行っていたことになり，推理によればきみはそこで電報を打ったことがわかる」と言い当ててワトスンを驚かせる。この推理はつぎのとおりである。

（1）　ワトスンが郵便局へ行ったのは，手紙を出すためか，切手かはがきを買うためか，または電報を打つためか，これらのいずれかである。
（2）　しかし，彼は手紙は書いていないので，手紙を出すためではない。
（3）　また，切手もはがきも彼の引出しにたくさんあるので，それらを買うためでもない。
（4）　したがって，残る可能性は，電報を打つことしかない。

　少し考えてみれば明らかになるように，この推理は確実な演繹的推論であり，前提（1）で示された3つの可能性

のうち，ふたつが（2）と（3）の前提で消去されて（4）の結論に至るのである。ワトスンにもそれぐらいのことはわかる。ところで，読者の皆さんは，この推理がレッスン3で紹介したデカルト流の分析的推理になっていることに気がつかれましたかな？（わたしが48ページであげた補助規則（5）をお忘れなく！）その種明かしは後のお楽しみとして，ホームズの話の続きをもう少し追ってみよう。

知っていても使いこなせるか？

さて，その日の夜遅く，ホームズとワトスンは調査で訪れた家の2階で思いがけなく殺人事件の現場に出くわす（『四つの署名』第6章）。ワトスンには殺人犯がどうやってその部屋に入ったのかわからない。

> 「それならどうやって入ったんだ？」と私はくり返したずねた。「ドアは閉っているし，窓からは入れない。煙突からかね？」
> 「炉がちょっと小さすぎるな」と彼は答えた。「ぼくもその可能性はすでに考えたよ」
> 「じゃ，どうやってだ？」私はしつこく迫った。
> 「きみはぼくの法則を応用しようとしないんだね！」と彼は首を振っていった。
> 「これまで何度きみにいったか知らないが，不可能なものを消去していって残ったものが，**いかにありそう**

になくても真相なんだ。われわれには、犯人が入ったのはドアからでも、窓からでも、煙突からでもないことが分かっているんだ。また、部屋のなかに隠れていたのでないことも明らかだ。隠れるのは不可能だからね。さあ、それならどうやってだ？」

「屋根にあけた穴から入ってきたんだ！」と私は叫んだ。

「そのとおり。それ以外ありえないね」（鮎川信夫氏の訳に基づく。ただし字句や言い回しはわたしの判断で変えてある。本書レッスン2参照。）

ご覧のとおり、ここでも消去による推理が行なわれている。ワトスンは、同じ日の昼すぎ、この推理法をホームズからていねいに説明してもらったばかりなのに、少し条件が複雑になっただけで、助けなしには応用ができない。そして、ワトスンに限らず、われわれ凡人はたいていそうなのである。

ジェヴォンズの論理アルファベット

そこで本題に入ろう。この消去による推理は、どのような論理形式をもち、どんな原理に基づき、なぜ正しいのだろうか。これを明らかにするには、ほんの少し記号を使ったほうがわかりやすい。より簡単な最初の（1）-（4）の例に戻って、それぞれの前提をつぎのように分析してみよ

う。まず，最初の前提，つまり

(1) ワトスンが郵便局へ行ったのは，手紙を出すためか，切手かはがきを買うためか，または電報を打つためか，これらのいずれかである。

をよく眺めると，より基本的な構成要素としてつぎの3つの文が含まれることに気がつく。そこで，それぞれを A, B, C と大文字のアルファベットで表わし，「要素文」と呼ぶことにしたい。
「ワトスンは手紙を出すために郵便局へ行った」を A とおく。
「ワトスンは切手かはがきを買うために郵便局へ行った」を B とおく。
「ワトスンは電報を打つために郵便局へいった」を C とおく。
そうすると，(1)はこれら3つの文が「または」という接続詞でつながれてできていることがわかる（「または」でつながれた文を論理学用語では「選言」という）。すなわち，(1)の形式または骨組みはつぎのようになる。

① A または B または C

つぎに，前提（2）や（3）を見ると，先ほどの要素文のいくつかが**否定**されたものが出てくる。そこで，これら

の文の否定を小文字のアルファベットで表わすことにする。たとえば、a は「ワトスンは手紙を出すために郵便局へ行ったのではない」に対応する。そうすると、(2) や (3) の前提で、全体の推論にかかわりのある本質的な部分はそれぞれ、

② a
③ b

となることが明らかであろう。さらに、(1)-(4) には出てこなかったが、ふたつまたはそれ以上の文が共に成り立つことをいいたいときには、それらを連ねて

AB, AbC

などと書くことにする（これらを論理学用語では「連言」と呼ぶ）。これで分析の道具立てはおおむねそろったのである。

じつは、このような道具立ては、19世紀イギリスの論理学者（かつ経済学者）W・S・ジェヴォンズ (1835-1882) によるもので、彼はそれを使って「論理アルファベット」を構成した。すなわち、ちょうど英語のことばや文がすべてアルファベットを使って書き表わされるように、論理的推論はこの論理アルファベットを**最小単位**として使って十分に表現できると考えた。その種明かしは以下のとおりで

あるが、この方法が先のデカルト流の分析のじつに見事な例になっているのである。

まず、どの要素文をとっても、それは肯定（大文字）が成り立つか否定（小文字）が成り立つか、ふたつにひとつである。そこで、3つの文が含まれる推論については、ふたつずつの可能性を3回独立に選びうるので、つぎの8つ（$=2^3$）の可能性を考えれば、それで**すべての可能性を尽くした**ことになる（45ページのデカルトの規則（4）を想起されたい）。これらが、3つの要素文が含まれる場合の論理アルファベットにほかならない（W. S. Jevons, *The Principles of Science*, 1874, p. 93）。

ABC, ABc, AbC, Abc, aBC, aBc, abC, abc

論理アルファベットによる消去法

では、これらの論理アルファベットはどのように役立つのだろうか。まず①を考えてみよう。この前提はどんなときに本当になるだろうか。全体は「または」でつながれているのだから、上記8つの可能性のうち、大文字が少なくともひとつ含まれている場合に①が成り立つ。つまり、①が成り立たないのは *abc* の場合だけであり、したがって**①を仮定すれば *abc* の可能性は消去される**。この段階で残るのはつぎの7つである。

ABC, ABc, AbC, Abc, aBC, aBc, abC

つぎに，これらのうちで②が本当になるのはどの場合だろうか。明らかに a を含んでいる場合だけである。したがって，②を仮定すればそれら以外の可能性は消去され，残るのは

aBC, aBc, abC

だけとなる。

最後に，これらのうちで③が本当になるのはどれだろうか。もちろん，b を含む場合だけである。そこで，それ以外の可能性は消去され，

abC

だけが残った。これをもとの日本語に翻訳すれば，「ワトスンが郵便局へ行ったのは，手紙を出すためでもなく，また切手やはがきを買うためでもなく，電報を打つためであった」となり，先の結論（4）と一致する。

消去法と分析

すでに明らかなように，前提（1）-（3）から未知の結論を推理する問題は，デカルト流の分析によって解決でき

るのである。デカルトの第二規則（44ページ、レッスン3の（2））で言われた「問題をもっともよく解くために必要なだけの数の小部分」とは、この問題においては8つの論理アルファベットにほかならない。何も情報がない白紙の状態ではこれらの8つの可能性がすべてありうる（全部が「または」でつながれる）のだが、少しでも情報が加わるといくつかの可能性が消去される。その消去の原理は、「与えられた情報と両立しない可能性が排除される」というもので、基本的にはつぎのパターンで表わせる。

（5）（P または Q），ところが p。ゆえに Q

すなわち、もし P だとすると、もうひとつの前提 p と合わせて Pp となる。ところがこれは**矛盾**であり不可能である。したがって、この可能性は消えて Q だけしか残らないのである。このように、矛盾を生じる可能性を排除していくというのが消去法のエッセンスである。

論理尺を使って消去法を視覚化する

その過程は、図2のように視覚化すればもっとわかりやすくなる。このように、あらかじめ**すべての可能性**を網羅しておいたのだから、前提を入力して残った可能性のうちに確実な結論が含まれる。したがって、消去による推理は正しく、確実なのである。

図2 消去による推理の視覚化

消去法を視覚化するため,つぎのようなカード(「論理尺」と呼ぶ)を作ろう。

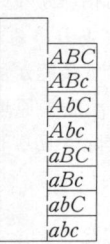

10 cm×5 cmくらいのカードを左のような形に切り,右側に8枚の折り込み部分を作る。そして,論理アルファベットを順次書き入れる。大文字と小文字の代わりに,黒と赤の2色使ったほうが目にわかりやすい。

消去された論理アルファベットは裏へ折り込む。

(要素文が4つ含まれる場合を扱うには,上のカードを2枚作り,左上の余白に一方は D, 他方は d と書き込んで使う。)

最初の状態 前提 ① を入力 さらに ② を入力 最後の ③ を入力

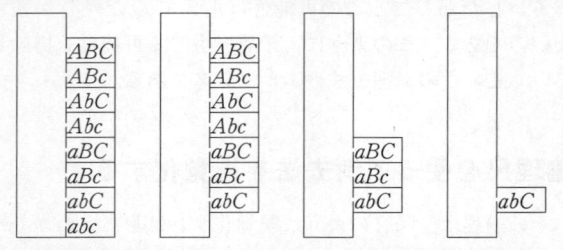

最後の状態から結論を読みとる。最後に残った論理アルファベット**すべてに共通する部分**が確実な結論である(上図ではひとつだから,それが直ちに結論)。

ただし、ひとつだけ注意しなければならないのは、複数の可能性（折り込み部分）が残った場合である。たとえば、ABC と ABc ふたつが残ったとき、それが意味することは「ABC **または** ABc」なのだから、**確実に**結論できるのは**これらふたつに共通する部分**、すなわち AB だけである。

レッスン 5

真理表

レッスン4の消去による推論の原理は，現代では真理表の理論によっても説明することができる。論理的推論のカギとなることばの真理表と記号を導入する。それらを使って，推論の正しさをきちんと定義する。

真理表と論理アルファベット

　ジェヴォンズの論理アルファベットによる推論の分析は，現代では真理表を使って説明することができる。要素文にかぎらず，推論で現われるすべての文は，ホントかウソか，ふたつにひとつと仮定してさしつかえない。この仮定を論理学では「どんな文も真（T）または偽（F）である」と表現する。この仮定は「二値原理」と呼ばれることもある。さて，論理アルファベットを構成するときには，要素文からより複雑な文を作るために，（a）選言の「または」，（b）否定の「でない」，および（c）連言の「かつ」を使ったことを想起しよう。そうすると，これらを使ってより複雑になった文全体と要素文との関係が，真偽の概念を使ってうまく説明できるならば，論理アルファベットの代わりに真偽の概念によっても推論の分析ができるということになる。そこで，TとFを使った表5（真理表）を見ていただきたい。

表5 否定，選言，連言の真理表

要素文		否定	選言	連言
A	B	Aでない	AまたはB	AかつB
T T F F	T F T F	F F T T	T T T F	T F F F

　念のために，この表を，先の論理アルファベットの記号との対応に留意しながら説明しておこう。要素文ふたつの下に，4行にわたるT，Fの組み合わせがある。各行の右をみてもらえば，より長い文それぞれがTかFかがわかる。否定文（レッスン4では，a）の真偽がもとの要素文の真偽とは逆になることは明らかであろう。選言については，「または」の意味が排他的ではなく，要素文がふたつとも真になる場合も許容するものと理解する。連言（レッスン4では，AB）は，ふたつの要素文がともに真である場合に限って真となる。ふたつの要素文を含む論理アルファベットとの対応は，表6のとおりである。

表6 論理アルファベットとの対応

A	B		論理アルファベット
T	T	↔	AB
T	F	↔	Ab
F	T	↔	aB
F	F	↔	ab

「ならば」を使った条件文

　真理表は一見論理アルファベットよりややこしそうに見えるかもしれない。しかし、これを使うと論理アルファベットでは扱いにくい命題の分析が可能になるという利点がある。たとえば、論理的な推論でよく出てくる「AならばB」という条件文の意味の本質的な部分は、要素文と条件文全体のT, Fの関係を軸にして規定できるのである。

　さて、「AならばB」という条件文はどんな時にTとなり、どんな時に偽となるのだろうか。これは、初心者の方がよくひっかかる点なのだが、Tになる条件にこだわりすぎるとかえって話がややこしくなる。そこで、**条件文はどんな時にFとなるか**、と発想を転換してみればよい。たとえば、こどもを相手に「明日雨が降ったなら映画に連れて行く」と条件つきの約束をしたとしよう。いったい、どん

070

な条件がそろえば，こどもから「約束破りだ！」と非難されるだろうか。明らかに，明日雨が降ったのに映画に連れて行かなかった場合である。しかも，これ以外の条件では，非難されるおそれはまったくない。雨が降らなければ，映画に行こうが行くまいが勝手だし，雨が降って映画に連れて行ったなら，これは立派に約束を果たしているからである。

　同じような考察は一般的な場合にも成り立つから，「A ならば B」という条件文がFになる条件ははっきりしているのである。すなわち，**A が真で B が偽の場合，その場合に限って全体は偽である。**そこで，先ほど述べた「どんな文もTまたはFである」という二値原理によって，その他の場合はすべて真であると見なしてよい。そこで，条件文については表7が一義的に決まる。もちろん，「ならば」ということばの日常的な用法では，もっと微妙な意味が加わることは否定できない。しかし，論理的推論にかかわるかぎりでの「ならば」の意味としては，この真理表で規定されたもので十分なのである。

表7 条件文の真理表

A	B	A ならば B
T	T	T
T	F	F
F	T	T
F	F	T

逆命題

　論理学で基本的な区別は，条件文に関係するものが多い（レッスン1でもいくつか出てきた）。とくに，「ならば」の前と後の命題が入れ換わったり否定がついたりすると，初心者はとまどうことが多い。しかし，真理表をもとにして筋道を立てて考える習慣さえつけたなら，そんなとまどいは簡単に乗り越えられる。

　まず，「ならば」には方向あるいは向きがあるので，原則として，前後の文を入れ換えると意味が変わる（真偽が変わる）ことに注意しよう。レッスン1の例で言うなら，つぎのふたつの文はお互いの「逆命題」と呼ばれ，意味も違うし真偽の条件も違うのである。

　（1）　停電ならば電灯が消える。

（2） 電灯が消えるならば停電である。

この具体例が示すことは，表7を使ってもっと一般的に明らかにすることができる。すなわち，「A ならば B」と「B ならば A」の真理表をそれぞれ書いて比べてみれば，前者がFになるのは

　　A がTで B がFの場合（論理アルファベットでは，Ab），

後者がFになるのは

　　B がTで A がFの場合（論理アルファベットでは，aB）

である。したがって，一方が成り立つ（真である）からといって，他方も成り立つとは限らないのである。これは，「逆は必ずしも真ならず」という格言で表わされているが，この格言がなぜ正しいのか，その理由まで言えるところが真理表の強みである。

対偶命題

つぎに，逆命題とよく混同されやすいものに，対偶命題がある。たとえば，（1）の「ならば」の前後を否定したうえで入れ換えると，

(3) 電灯が消えないならば停電ではない

となる。これと（2）とを混同する人が時々いるが、この（3）は逆命題ではなく、「対偶命題」と呼ばれる（図3を参照）。そして、（3）は（1）とまったく同じことを言っているのである（ふたつが対になって同じことを言うので「対偶」といわれる）。真理表を使えば、そのことが一般的なかたちでわかる。「AならばB」と「（Bでない）ならば（Aでない）」の真理表を書いて、読者みずからそれを確かめられたい。

あるいは、論理アルファベットを利用しても、そのことは簡単にわかる。「AならばB」を仮定するということは、それがFになる可能性を排除することである。したがって、Abを含む可能性がすべて消去される。では、「（Bでない）ならば（Aでない）」についてはどうだろうか。これは「bならばa」と同じで、aの否定はAに戻ることを注意すれば、これがFになる可能性はbAすなわちAbとなり、それを含む可能性がすべて排除される。これは先とまったく同じ条件にほかならない（読みっぱなしにしないで、論理尺ですぐ確認されたい！）。このように、真理表が理解できたなら、条件文を論理尺に入力する方法もわかるのである。

ここまでの成果は、図3にまとめておく。

図3 逆と対偶

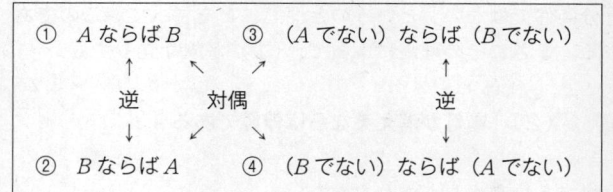

```
① AならばB        ③ (Aでない)ならば(Bでない)
        ↑   ↖  ↗              ↑
       逆    対偶              逆
        ↓   ↙  ↘              ↓
② BならばA        ④ (Bでない)ならば(Aでない)
```

なお，③を①の裏と呼ぶこともあるが，この区別はあまり必要ではない。③は結局①の逆命題②と等しいのだから，③も①の逆だと見なしてさしつかえない。

必要と十分

条件文に関係するもうひとつの重要な区別は，必要条件と十分条件の区別である。先の（1）と（2）の違いは，この区別とも関係している。すなわち，

（1） 停電ならば電灯が消える

が正しいというのは，「ならば」の前の条件が後の条件をもたらすための**十分条件**だからなのである。一般に，「AならばB」という条件文が**真である**とき，「AはBの十分条件」，「BはAの必要条件」であると定義できる。「逆は

必ずしも真ならず」というのは,「必要条件は必ずしも十分条件ではない」というのと同じことを言っているのである。まさにその理由によって,（1）が成り立っても

　（2）　電灯が消えるならば停電である

のほうは必ずしも成り立たない。

記号の導入

　さて，すでに何人かの読者は,「または」「でない」「かつ」「ならば」といったことばをいちいち書くのが面倒だと感じ始めていないだろうか。論理的推論では，これらの決まりきったことばが何べんも出て来るので，文を表わすアルファベットと同様に，何か簡略な記号で表わしたほうが書く手間が省けて，しかも文の構造もはっきりして便利なはずなのである。そこで，以下では表8の記号（専門用語では「論理結合子」と呼ばれる）とかっこを使って命題や推論の構造を表記することにしたい。

表8 論理結合子による命題表記

ことば	でない	または	かつ	ならば
記号	〜	∨	&	⊃

これらの記号とかっこを使えば，複雑な命題の構造も一義的に表記できる。

① A ならば B　　　　　　　　　　　⟺ $A⊃B$
② B でないならば A　　　　　　　　⟺ $\sim B⊃A$
③ (B ならば A) でない　　　　　　　⟺ $\sim(B⊃A)$
④ A または (B でない)　　　　　　　⟺ $A\vee\sim B$
⑤ (A または B) でない　　　　　　　⟺ $\sim(A\vee B)$
⑥ A かつ (B または (A でない))　⟺ $A\,\&\,(B\vee\sim A)$

推論の正しさとは何か

そこでいよいよ，本章の核心部分に来た。これまで，(演繹的) **推論の正しさ**について，厳密な定義はせずに読者の皆さん方の直観に訴えるだけで済ませてきたのだが，ようやくその定義をするための道具立てがそろったのである。まず，具体的な例で推論の正しさの条件を示してみよう。すでに見たように，つぎの推論は正しい。

> (4) 停電ならば電灯はつかない。ところが停電である。ゆえに電灯はつかない。

しかし,この推論全体の**正しさ**と,前提や結論の**それぞれの命題の真偽**とはどのような関係にあるのだろうか。これが本質的な問題である。

ここで真理表が役に立つ。(4)に含まれる要素文はつぎのふたつである。

> T「停電である」,D「電灯はつく」

そこで,(4)の推論全体を,論理結合子を使って長いひとつの条件文に書き換えてみよう。

> (5) $((T \supset \sim D) \& T) \supset \sim D$

すなわち,(4)のふたつの前提を連言でつなぎ,それと結論とを「ならば」でつなげば(5)となるのである。そこで(5)の真理表を書けばどうなるだろうか。

表9 推論の正しさを確かめる真理表

①	②	③	④	⑤	⑥
T	D	$\sim D$	$T \supset \sim D$	$(T \supset \sim D) \& T$	$((T \supset \sim D) \& T) \supset \sim D$
T	T	F	F	F	T
T	F	T	T	T	T
F	T	F	T	F	T
F	F	T	T	F	T

　表9について説明すれば，列①②のもっとも単純なところから始めて，表5と表7に従ってより複雑な文のT，Fへと進んで行けばよいのである（44ページのデカルトの規則（3），綜合の手続き）。最後の列⑥は，条件文の真理表によって③と⑤から得られる。しかも，**「T」ばかり**からなる列となるのである。ということは，推論（4）を条件文に書き換えた（5）は，**要素文の真偽（T, F）にかかわらず，つねに真（T）となる**。これが正しい推論を定義する特徴なのである。このように，それに含まれる要素文の真偽にかかわらずつねに真となる文は「**恒真文**」または「**トートロジー**」と呼ばれる。これらが論理法則のもっとも基礎的な部分を形成するのである。

　以上，具体例で述べたことは，容易に一般化できる。いくつかの前提とひとつの結論が「ゆえに」または「したが

レッスン5　真理表　079

って」という接続詞でつながれる推論は，まず，すべての前提を「&」でつないだ連言と，結論とを「⊃」でつないだ条件文に書き換えることができる。そして，この長い条件文がトートロジーであるとき，またそのときに限って，もとの推論は正しい。

　この条件を一言で述べるなら，正しい推論の「ゆえに」は一種の「ならば」だと見なしてよいということである。**すなわち，つねに真となる「ならば」が，正しい推論の「ゆえに」に相当するのである。**

　これまで，正しい推論では「前提が本当であれば結論も必ず本当である」と述べてきたが，いま上に述べた条件はこれをより正確にしたものとなっている。なぜなら，推論を書き換えた条件文は，前提が偽であれば全体は真となるので（表7参照），前提が真の場合に結論がつねに真なら，全体はトートロジーになるからである。

レッスン 6

三段論法と消去法

消去による推論のテクニックは，命題を単位とした推論の理論だけでなく，アリストテレスの三段論法にも応用できる。ジェヴォンズの論理アルファベットと論理尺を使った三段論法の判定法を紹介する。

アリストテレスの三段論法

レッスン4で紹介したジェヴォンズの論理アルファベットの理論は、レッスン5の真理表の理論と実質的に同じなのである。真理表の理論は、**文またはそれで表わされる命題を最小単位とする推論**に関して、完璧な理論である。これはどういう意味かといえば、このような制限内での論理法則はすべてトートロジーによって余すところなく拾い出される、ということである。

しかし、論理結合子によって分析できる構造以外に、文の内部により細かな論理構造がありうることを忘れてはいけない。たとえば、

（1） すべての人間は動物である

とか、

（2） ある動物は人間である

といった文を考えてみよう。これらは、少なくとも表面的には、それ以上基本的な要素文には分析できないように見える（じつは、この見かけを乗り越えてより基本的な構造を見出したとき、現代論理学が成立したのである。後述フレーゲの理論を参照）。しかし、これらの文の内部には、いくつか顕著な特徴が見出せる。すなわち、（1）でも（2）でも

ふたつの**一般名詞**が特定の関係でつながれているように見えるのである。また,「すべて」と「ある」ということばも,何か本質的な構造にかかわりがありそうに見える。

　論理学を最初に体系化した古代ギリシアのアリストテレス(B.C. 384-322)は,(1)や(2)のこういった内部構造に着目した。そして,このような文の組み合わせによる推論の原理を解明しようとしたのである。それがいわゆる三段論法の理論であり,19世紀の中頃までは論理学といえばこれが中心だったのである。彼の扱った推論は,たとえば,つぎのようなものであった。(この文は,以下でアルファベットで記号化するときの便宜のため,A, Bに合わせてある。アメリカ人を悪く言うつもりではない！)

(3)　すべてのアメリカ人は病人であり,しかもある病人は看護師である。ゆえにある看護師はアメリカ人である。

　さて,この推論は正しいのだろうか。また,このような推論の正しさの基準はどうなるのだろうか。これらの問いに答えるためには,これまでの方法では無力なのだろうか。

全称命題と存在命題

　これらの問いにすぐに答えられないからといって悲観する必要はない。われわれ凡人の頭はそれほどできがよくな

いのだから仕方がない。レッスン5では，推論の正しさはそれに含まれる文の真偽から定義されたのだから，とりあえず「すべて」で始まる文（論理学用語では**全称命題**という）が真または偽になる条件を分析してみよう。例としてつぎの文をとる。

　（4）　すべてのアメリカ人は病人である。

そうすると，条件文の場合と同様，これが偽になる条件だけははっきりしている。すなわち，

　（5）　アメリカ人であって病人でないものが存在する

とき，そのときに限って，先の全称命題は偽になるのである。そこで，レッスン5の二値原理によって，それ以外の場合は真であると見なしてよい。ところが，（5）はつぎの文と同じことを言っている。

　（6）　あるアメリカ人は病人でない。

　つまり，全称命題が偽になる条件は「ある」で始まる命題（論理学用語では**特称命題**という）が真になる条件と同じなのである。この特称命題は，存在を述べる命題と同等だから，存在命題と呼ぶこともできる。

ジェヴォンズの論理アルファベットの応用

　そこで、アリストテレスからは少し離れるが、全称命題（4）はつぎのように言い換えてもよい。

　　（7）　アメリカ人であって病人でないものは存在しない。

この表現はいかにも長たらしく回りくどいので、ジェヴォンズの記法を応用し、「アメリカ人」をAで、「病人」をBで表わすことにする（これらのアルファベットは文の記号ではなく、一般名あるいはグループ名に変わることに注意されたい）。そうすると、当然、小文字のaは「アメリカ人でないもの」、bは「病人でないもの」を表わすと見なしてよい。ついでに、アルファベットをふたつ並べたときは、ふたつのグループの共通部分を表わすと理解する。たとえば、Abは「アメリカ人であって病人でないもの」を表わす。そうすると、ジェヴォンズの論理アルファベットの考えがそっくり応用できるのである。

　そこで、（5）と（7）はそれぞれ、

　　（8）　Ab は存在する
　　（9）　Ab は存在しない

と簡潔に表現され、お互いが他方の否定であることが明瞭

レッスン6　三段論法と消去法　085

になる。ちなみに、(9)を「$Ab=0$」、(8)を「$Ab\neq0$」と表わす記法もある。

四つの定言命題

このように、全称命題と特称命題の関係がわかれば、三段論法の取り扱い方にはある程度見通しがついてくる。じつは、アリストテレスが三段論法の理論で扱ったのはつぎの四つのかたちの命題に限られているのである。XとYには適当な一般名が入るのだが、Xは主語、Yは述語と呼ばれる。そこで、彼の理論は正確には「定言三段論法の理論」と呼ばれる。「定言」とは、ひとつの文の言い切りのかたちになっていて、「ならば」や「または」などの接続詞が一切入ってない、という意味である。

四種の定言命題
- すべてのXはYである……全称肯定命題
- いかなるXもYでない……全称否定命題
- あるXはYである…………特称肯定命題
- あるXはYでない…………特称否定命題

これら4つの定言命題の相互関係はどうなっているのだろうか。全称肯定と特称否定の関係はすでに見たとおり、真偽の条件が正反対になっている。同じことは、全称否定と特称肯定の間にも成り立つ。念のために、つぎの具体例で確認してみよう。

(10)　いかなるアメリカ人も病人ではない。

これが偽になる必要十分条件は,

　　(11)　アメリカ人の病人（AB）が存在する

ことであって，同じことは

　　(12)　あるアメリカ人は病人である

と表現できる。すなわち，全称否定の（10）が偽になる条件と特称肯定の（12）が真になる条件は一致する。
　以上の考察は，図4にまとめることができる。

図4 四つの定言命題の関係

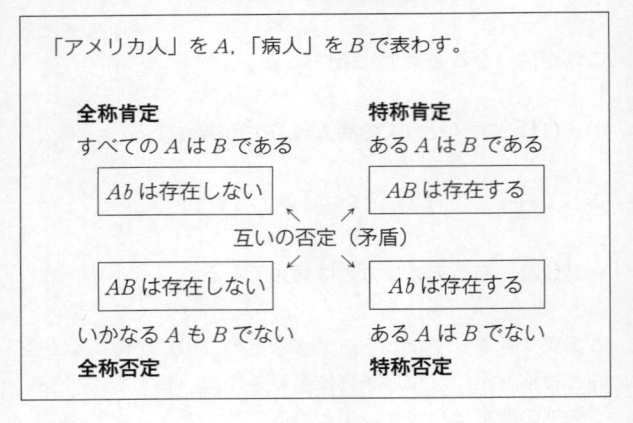

「アメリカ人」を A, 「病人」を B で表わす。

全称肯定　　　　　　　　　　**特称肯定**
すべての A は B である　　　　ある A は B である

$\boxed{Ab\text{ は存在しない}}$　　$\boxed{AB\text{ は存在する}}$

　　　　　互いの否定（矛盾）

$\boxed{AB\text{ は存在しない}}$　　$\boxed{Ab\text{ は存在する}}$

いかなる A も B でない　　　　ある A は B でない
全称否定　　　　　　　　　　**特称否定**

三段論法の正しさを見分ける方法

　アリストテレスの三段論法では4つの定言命題しか出てこない。しかも、ひとつの推論では（3）を見れば明らかなように、3つの一般名しか出てこない。そこで、図4の関係を頭に入れた上で、（3）の推論が正しいかどうか確かめる方法を考えてみよう。じつは、先の論理尺が役に立つのである。ただし、アルファベットの解釈を少し変えなければならない。8つの論理アルファベットは、命題の真偽の組み合わせではなく、3つの一般名で記述できるもっとも細かい物の種類を表わすと考えればよい。ひとつの名

前，たとえばAを使うということは，Aである物とそうでない物とを区別することになる（つまり，線引き）。他のB, Cについても事情は同じだから，3つの名前で8つの種類が区別できるのである。

前提の入力

そこで，（3）の最初の前提

① すべてのアメリカ人は病人である（Abは存在しない）

を論理尺に入力してみよう。Abを含む論理アルファベットは，AbCとAbcの2種類ある。そこで①はこれらの**いずれも**存在しないと述べる。したがって，明らかに，Abを含むすべての論理アルファベットを裏へ折り込んで消去すればよいのである。このように，全称命題の入力はきわめて簡単である（次ページ図5参照）。

図5 論理尺による三段論法の視覚化

最初の状態	前提①を入力	さらに②を入力	③が言えるには
ABC	ABC	ABC	ABC
ABc	ABc	ABc	ABc
AbC			
Abc			
aBC	aBC	aBC	aBC
aBc	aBc	aBc	aBc
abC	abC	abC	abC
abc	abc	abc	abc
		最終状態	（参考）

存在命題の意味と，結論の読み取りに注意。手前に上がったアルファベットのうち，**少なくともひとつが存在する**ことしか言えない。

つぎに，2番目の前提

② ある病人は看護師である（BC は存在する）

を入力してみよう。今度は存在命題だから少し注意が必要である。BC を論理アルファベットで表わすなら，ABC と aBC の2種類ありうる。そこで，

(13) BC が存在する

ということは,

(14)　*ABC* または *aBC* が存在する

ということなのである。これを論理尺上で表現するために,これらふたつの折り込み部分を**手前に少し持ち上げる**（図5参照）が,これは「ふたつとも存在する」という意味ではなく,「少なくともひとつが存在する」という意味であることを銘記されたい。これで前提の入力は完了である。

結論の読み取り

論理尺の最終状態から結論を読み取るには,全称命題か存在命題かでやり方を区別しなければならない。いま,（3）の推論では「看護師」を主語にした結論が知りたいのだから,*C* を主語とし,**大小いずれか他の文字を述語にもつ全称命題**が成り立つかどうか調べてみよう。そこで,論理尺上に残ったアルファベットのうち,*C* を含むものだけに着目する。そして,それら**すべてに共通する別の文字**が見つかったら,その文字を述語づけた全称命題が結論できる。図5では残念ながらそのような文字はないので,*C* を主語とする全称の結論は出ないとわかる。

しかし,たとえば *b* に着目すると,これを含む論理アルファベットすべてに *a* が共通している。そこで,「すべての *b* は *a* である」,言い換えれば

レッスン6　三段論法と消去法　091

(15) 病人でないものは誰もアメリカ人ではない
   （bA は存在しない）

という命題が立派に結論できるのである。これは、もちろん、前提 ① のひとつの帰結である。

つぎに、C を主語とする存在命題の結論はどうだろうか。存在命題の結論を知りたいときは、主語となる文字を含み、**手前に上がっている**論理アルファベットだけを見ればよい。**それらすべてに別の文字が共通しておれば**、その文字を述語とした存在命題が結論できる。図 5 の最終状態では、C を含み手前に上がったアルファベットすべてに B が共通している。そこで「ある C は B である」、すなわち

(16) ある看護師は病人である（CB は存在する）

と結論できるが、これは前提 ② のひとつの帰結にほかならない。

推論（3）で問題にされた C と A の組み合わせについては、ABC と aBC のいずれかが存在しうる（(14) を参照）ので、AC（すなわち CA）が**確実に**存在するとは結論できないのである。言い換えれば、前提 ①② が真であっても、aBC だけが存在する場合には、（3）の結論

③ ある看護師はアメリカ人である（CA は存在する）

は偽となる。したがって，(3)の推論は正しくないのである。参考までに，図5の右端に③を結論できるような

図6 論理尺による三段論法

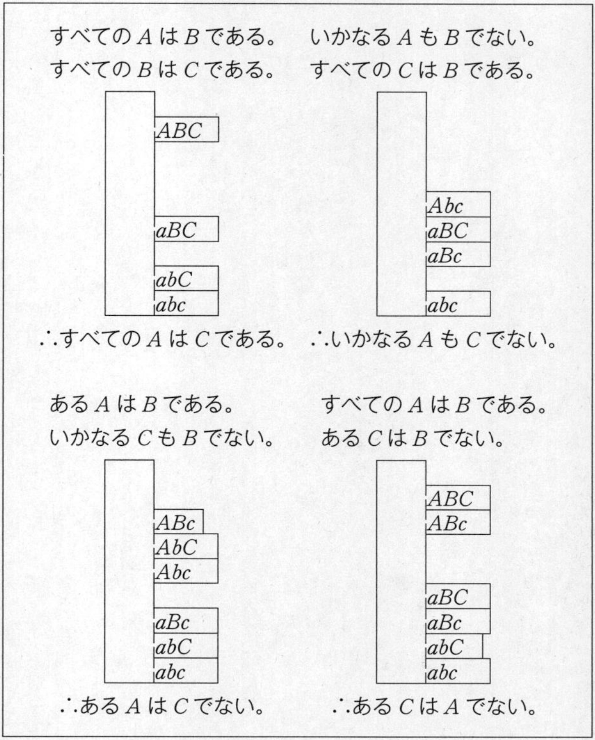

すべてのAはBである。
すべてのBはCである。

```
  ABC

  aBC
  abC
  abc
```

∴すべてのAはCである。

いかなるAもBでない。
すべてのCはBである。

```
  Abc
  aBC
  aBc
  abc
```

∴いかなるAもCでない。

あるAはBである。
いかなるCもBでない。

```
  ABc
  AbC
  Abc

  aBc
  abC
  abc
```

∴あるAはCでない。

すべてのAはBである。
あるCはBでない。

```
  ABC
  ABc

  aBC
  aBc
  abC
  abc
```

∴あるCはAでない。

論理尺の状態を示しておいたので、①②を入れた最終状態と比較されたい。

　この判定法に慣れていただくため、いくつかの例を図示しておく（図6）。論理尺が1枚あれば、アリストテレスの定言三段論法は完全にマスターできるのである。

レッスン7

正しい推論とは

少し理論的な問題に踏み込んで、「正しい推論とは何か」をもう一度考えてみよう。三段論法まで含めた場合、先に紹介したトートロジーによる正しさの規定は通用するのだろうか。このような問いをもっと展開するためには、ジェヴォンズの方法では不十分である。

三段論法はトートロジーか？

　レッスン6では，論理尺による三段論法の判定法を述べたのだが，三段論法の推論の正しさはどのように定義できるのだろうか。もちろん，この場合も「前提がすべて真であれば結論も必ず真である」という特徴づけが成り立つことは，直観的に明らかである。しかし，「直観的に明らかだ」という答えで満足しないで，その理由をもっと理論的に分析して掘り下げてみれば，新しい発見があるかもしれない。とくに，レッスン5の真理表の方法と三段論法との関係は，まだ十分明らかにはなっていないのである。

　そこで，具体例としてつぎの典型的な三段論法を取りあげて考察してみよう。

　　（1）　すべてのAはBである。そして，すべてのBはCである。ゆえに，すべてのAはCである。

この推論は正しい。しかし，その正しさは，適切な分析を行なわないときちんと説明できないのである。たとえば，レッスン5の真理表の方法によって，表面的にそれ以上分析できない文を素朴に要素文とみなすことにすれば，（1）の構造はつぎのように分析しなければならない。

　　（2）　$(E \& F) \supset G$
　　　　ただし，E「すべてのAはBである」，F「す

べてのBはCである」，G「すべてのAはC
である」とおく（異なる文は違うアルファベット
で表わさなければならないから）。

しかし，（2）はトートロジーではない。このような分析の仕方では，（1）の正しさとトートロジーとの関係はまったく不明なのである。

論理アルファベットと存在

そこで，レッスン6での定言命題の分析を想起しよう。（1）の推論全体を考慮に入れると，3つの一般名を組み合わせた論理アルファベットと，「存在」の概念が必要だったのである。そして，図4にまとめたように，全称命題と特称命題の間には特別な関係が成り立っていたのである。ここで，再びデカルトの分析（とくに規則（2））を思い出していただきたい。「問題を解くために必要なだけの数の小部分」とは，この場合いったい何だろうか。

ここまでヒントを出せば，何人かの読者にはピンとひらめくだろう。論理アルファベットの**あるなし**の命題が基本的単位で，しかも「ある」と「なし」は互いの否定なのである。そこで，この観点から（1）を分析し直してみよう。

(3) 「すべてのAはBである」は，「Abは存在しない」，つまり「AbCは存在せず，かつAbcも存

在しない」と分析される。

同様に, (1) の第2前提と結論もつぎのように分析できる。

- (4) 「すべての B は C である」⟺「ABc は存在せず, かつ aBc も存在しない」
- (5) 「すべての A は C である」⟺「ABc は存在せず, かつ Abc も存在しない」

トートロジーに変換できる三段論法は正しい

そこで, 便宜的に, これら論理アルファベットの非存在の命題を一文字で表わすと, (1) 全体はつぎの構造になる。

- (6) $((P \& Q) \& (R \& S)) \supset (R \& Q)$
  ただし, AbC は存在しない⟺ P
  Abc は存在しない⟺ Q
  ABc は存在しない⟺ R
  aBc は存在しない⟺ S

そうすると, 今度は (6) 全体がトートロジーになることは明白である（図7を参照）。ちなみに, P, Q 等は独立に真または偽となりうる要素文と見なしてよいので, 真理表を書くときに何の心配もいらない。

図7 トートロジーの簡単な判定法

（6）のような長い文の真理表を書くのは面倒である。しかし，それがトートロジーかどうかを知りたいのなら，それの**反証を試みる**便法がある。これもひとつの分析的方法（偽だと仮定してその条件にさかのぼる）なのである。

① まず，（6）が偽だと仮定してみよう。

$$((P \& Q) \& (R \& S)) \supset (R \& Q)$$
偽

② すると，「ならば」の真理表を逆に使って（全体から部分へ），部分の真偽がわかる。

$$((P \& Q) \& (R \& S)) \supset (R \& Q)$$
　　　　　真　　　　偽　偽

③ 同じ方法を部分についてもくり返す。一義的に決まらないところは，後回しにしてもよいし，場合分けをやってもよい。

$$((P \& Q) \& (R \& S)) \supset (R \& Q)$$
　　T　T　　T　　　　F　F

④ 同様。

$$((P \& Q) \& (R \& S)) \supset (R \& Q)$$
　T T T　T　T T T　　F　F

⑤ 真偽がわかった要素文について，転記する。	$((P \& Q) \& (R \& S)) \supset (R \& Q)$ T T T　T　T T T　F　F 　　　　　　　　　　　　　　T　T
⑥ しかし，転記したものから決まる真偽と，もとからある真偽とが矛盾するなら，反証は不可能で，もとの文は**偽にはなりえないトートロジー**だと結論できる。	$((P \& Q) \& (R \& S)) \supset (R \& Q)$ T T T　T　T T T　F　F 　　　　　　　　　　　　T T T 　　　　　　　　　　　　不可能！
矛盾なく要素文の真偽を決められたなら，反証は成功。	反証成功例 $(P \& Q) \supset \sim Q$ T T T　F F T

(この方法は，ホームズ流の「逆方向の推理」になっていることに気がつかれましたかな？)

特称命題が入った場合も大丈夫

同じ方法は，特称命題が入った三段論法にも適用できる。以下では，トートロジーに変換できて正しい例と，トート

ロジーに変換できなくて正しくない例とを見よう。

(7) ある A は B である。そして，いかなる C も B でない。ゆえに，ある A は C でない。
(8) すべての A は B である。そして，ある B は C である。ゆえに，ある C は A である。

これらの推論の構造を明らかにするための書き換えは，表10に示したので参照されたい。

さて，表10の書き換えを利用すれば，(7)(8)の構造はそれぞれつぎのようになる。

(9) $((\sim P_1 \vee \sim P_2) \& (P_1 \& P_5)) \supset (\sim P_2 \vee \sim P_4)$
(10) $((P_3 \& P_4) \& (\sim P_1 \vee \sim P_5)) \supset (\sim P_1 \vee \sim P_3)$

これらのうち，(9)はトートロジーであるが，(10)はそうでない。これは真理表や先に紹介した判定法を使えばわかるが，簡単に説明すればつぎのとおりである。まず，(9)の「ならば」の左側が真であれば

(11) $(\sim P_1 \vee \sim P_2) \& P_1$

も真である。しかし，そのとき $\sim P_2$ も真であり（消去法），当然

表10 論理結合子を使った定言命題の書き換え

　先ほど非存在の命題を1文字で表わしたので，それを踏襲する。

① 基本命題

ABC は存在しない $\iff P_1$　　aBC は存在しない $\iff P_5$
ABc は存在しない $\iff P_2$　　aBc は存在しない $\iff P_6$
AbC は存在しない $\iff P_3$　　abC は存在しない $\iff P_7$
Abc は存在しない $\iff P_4$　　abc は存在しない $\iff P_8$

② 存在命題

基本命題に否定をつける。たとえば，
　　ABC は存在する　　　　$\iff \sim P_1$

③ 定言命題の書き換え

　ある A は B である　　　$\iff ABC$ または ABc が存在する
　　　　　　　　　　　　　　$\iff \sim P_1 \vee \sim P_2$

　いかなる C も B でない $\iff ABC$ も aBC も存在しない
　　　　　　　　　　　　　　$\iff P_1 \& P_5$

　ある A は C でない　　　$\iff ABc$ または Abc が存在する
　　　　　　　　　　　　　　$\iff \sim P_2 \vee \sim P_4$

　すべての A は B である $\iff AbC$ も Abc も存在しない
　　　　　　　　　　　　　　$\iff P_3 \& P_4$

　ある B は C である　　　$\iff ABC$ または aBC が存在する
　　　　　　　　　　　　　　$\iff \sim P_1 \vee \sim P_5$

　ある C は A である　　　$\iff ABC$ または AbC が存在する
　　　　　　　　　　　　　　$\iff \sim P_1 \vee \sim P_3$

(12) 　$\sim P_2 \vee \sim P_4$

は真となる。したがって，(9)はトートロジーである。

つぎに，(10)については，P_1, P_3 と P_4 が真，P_5 が偽の場合を考えてみればよい。この時，「ならば」の左側は真，右側は偽となって，全体は偽である。したがって，(10)はトートロジーではない。

以上のように，8つの論理アルファベットが表わす物の非存在（または存在）を述べる文を単位とすれば，アリストテレスの三段論法はすべてレッスン5の真理表で扱えるかたちに変換できる。そうすれば，三段論法の正しさもトートロジーによって定義できるのである。論理尺が三段論法にも使えた深い理由はこれである。

推論の正しさは
すべてトートロジーで説明できるか

では，さらに進んで，どんな推論の正しさでも同じようにしてトートロジーで説明できるのだろうか。あるいは，すべての論理法則はトートロジーに尽きるのだろうか。これに対する答えは「ノー」である。しかし，それがわかったのはそれほど昔ではない。20世紀の初め頃まで，このような問題自体がまだよく把握できてなかったのである。後にふれるフレーゲによってアリストテレスやジェヴォンズなどの論理学を超える真に新しい論理学が用意されたの

レッスン7　正しい推論とは　103

は，ジェヴォンズがまだ生きていた1879年なのだが，その真価が認識されるにはかなりの時間がかかったのである。

ブール代数について

　論理学の歴史を少し御存知の方なら，19世紀の記号論理学の創始者G・ブール（1815-1864）の名前がいままで出てこなかったことに疑問を感じたかもしれない。じつは，ジェヴォンズの方法は，ブールが始めた論理代数を発展させたものなのである。ブールは『論理の数学的分析』(1847)という本のなかで，アリストテレスの定言命題を代数的記号で表わし，三段論法を代数的に扱う方法を初めて示した。参考までに，ブールの記法とジェヴォンズの記法の違いを説明しておきたい。

　ブールは，アルファベットに加えて「1」と「0」という記号も使った。「1」はすべての物の集まり（全クラス），「0」は空っぽの集まり（空クラス）を表わす。そうすると，たとえばジェヴォンズが小文字アルファベットbで表わした「Bでないもの」は「$1-B$」と表現されるのである。また，全称肯定命題「すべてのAはBである」は，

(13)　$A(1-B)=0$

と表現される。

　しかも，こういった表現において，通常の代数的演算

(積やマイナス，等号など）がそのまま使えて，それが正しい推論過程に対応することをブールは見出した。たとえば，(13) に加えて「すべての B は C である」，つまり

(14)　　$B(1-C)=0$

を前提すると，以下の演算によって結論が出せる。

$$A-AB=0 \quad ((13) \text{より})$$
$$A=AB$$
$$B=BC \quad ((14) \text{より})$$
$$A=ABC \quad (\text{等しいものを代入})$$
$$A=AC \quad (\text{同上})$$
$$A-AC=0$$
$$\therefore \ A(1-C)=0 \quad (\text{「すべての} A \text{は} C \text{である」に対応})$$

　ブールは，また，これらの記号の解釈を変えると真理表の方法に相当するものが出てくることにも気がついていた。これらの発見は確かに新しいものであったが，依然として「定言命題のかたちにこだわる」というアリストテレス以来の考えを抜け切ってはいなかったのである。この点ではジェヴォンズも同じである。そこで，彼らとフレーゲとの間には，まだ乗り越えられなければならない，きわめて大きなギャップが残されていた（この点について詳しくは，拙論「論理，数学，言語」を参照されたい。内井惣七・小林道夫

編『科学と哲学』昭和堂，1988 所収)。フレーゲの仕事が長い間無視された背景には，こういう事情があったのである (レッスン 10 で再論)。

レッスン8

真理関数と論理回路　1

真理表の理論のもうひとつの応用例として，コンピュータの設計にも使われる論理回路の作り方を紹介してみよう。たとえば，横断歩道で押しボタン式信号機がついているのをよく見かけるが，その理論的な仕組みはどうなっているのだろうか。

真理関数

さて、レッスン5の真理表の理論にもう一度戻って、この理論の大事な特徴をいくつか確認しておきたい。真理表の本質的な特徴は、各々の要素文の真偽が与えられると、全体の真偽も**一義的に**決まり、しかも真偽の**すべての組み合わせについて**そうなる、というところにあった。このような性質は、数学でおなじみの関数と共通するのである。そこで、論理学の専門用語では、それぞれの論理結合子はひとつの「真理関数」を表わすといわれる。表11にあげた算数（一般的には、数学）の関数「$x+y$」においても、それぞれの変数の値が1，2と与えられると、全体の値は一義的に3に決まることに注意されたい。もちろん、関数が変われば、値の決まり方も違ってくるのである。

表11 数学的関数と真理関数

	関数表現	変数	変数の値	関数の値
算数的関数	$x+y$	x	0, 1, 2, 3, ⋯	0, 1, 2, 3, ⋯
		y	0, 1, 2, 3, ⋯	
真理関数	$A \vee B$	A	T, F	T, F
		B	T, F	

真理関数を記号式で表わす

これまでに導入したすべての論理結合子が真理関数を表わすことは明らかである。しかし，逆に，**すべての真理関数**がこれらの結合子の組み合わせで表現できるかどうかはそれほど明らかでない。たとえば，表12のような真理関数は，いったいどんな記号式で表わせるのだろうか（面倒でも，紙と鉛筆をもって考えていただきたい。それをやらないと論理の力はつかない！　ついでに言えば，これも分析的推理の問題）。

表12 この関数わかるかな？

（初級編）

A	B	①	②	③	④
T	T	F	F	F	F
T	F	T	F	T	F
F	T	T	T	F	F
F	F	F	T	T	T

問題
①から⑧までのそれぞれの真理関数を記号式で表わせ。

（中級編）

A	B	C	⑤	⑥	⑦	⑧
T	T	T	T	F	F	F
T	T	F	T	F	T	F
T	F	T	T	T	F	F
T	F	F	T	F	F	F
F	T	T	F	T	F	F
F	T	F	F	F	F	F
F	F	T	F	F	F	F
F	F	F	F	F	T	T

問題解決のための最小単位

このような問題は、適当な試行錯誤をやれば解けるのだが、論理学をやる以上、それだけで満足しては不十分である。**どんな問題が出されても、その答えを出すための一般的方針がきちんとわかるような、そういう解決法が見つかればそれが一番望ましい**。ここでジェヴォンズの論理アルファベットのアイデアが再び役に立つのである。レッスン5の表6で示したように、要素文の真偽の組み合わせは、すべて適当な論理アルファベットで表わせる。いま、論理アルファベットの記法に合わせて連言の記号を省略することにすれば、ふたつの要素文 A, B が含まれる場合、4つの組み合わせはつぎのように表わされる。

AB（ふたつともに真），$A\sim B$（A 真 B 偽）
$\sim AB$（A 偽 B 真），$\sim A\sim B$（ふたつともに偽）

これら4つの連言は、**それぞれに対応する真偽の組み合わせの場合**（かっこのなかに示した）**だけに真となり、その他の場合はすべて偽になる**ことに注意されたい。この性質を利用して、「適当な真偽の組み合わせのときだけ真になり、その他すべての場合は偽になる」式を作ることができる。たとえば、A, B 共に真の場合と共に偽の場合だけ真になる式（表12の②）は、

$$AB \vee {\sim}A{\sim}B$$

とふたつの選言をとればよいのである。これがわかれば，表12初級編のその他の解答はそれぞれつぎのようになる（できるだけわかりやすい表現に書き換える）。

① $A{\sim}B \vee {\sim}AB \vee {\sim}A{\sim}B$ （または ${\sim}(AB)$）
③ $A{\sim}B$ （または ${\sim}(A \supset B)$）
④ $A{\sim}B \vee {\sim}A{\sim}B$ （または ${\sim}B$）

この方針で表現できない唯一の例外は，すべての組み合わせについて偽となる関数であるが，これは「$A{\sim}A$」によって簡単に表わせる。

選言標準形

　以上の原理がわかれば，表12の中級編だけでなく，どんな真理関数が与えられても，それを表現する記号式を見つけるのは（原理的には）容易である。上述のような論理アルファベットの選言は，専門用語では「選言標準形」と呼ばれる。このように，任意の真理関数（何個要素文が含まれてもよいし，どんな真偽の組み合わせでもよい）は，それに対応する選言標準形をもつので，論理結合子を使った記号式で必ず表現できるのである。ジェヴォンズの論理アルファベットの方法がデカルト流の分析の見事な例だという

のは、このことからも明らかであろう。

信号機の論理構造？

このような、真理関数を表わす記号式を求める問題は、意外なところで応用できる。たとえば、町でよく見かける信号機の仕組みと真理関数との間に深い関係があるといえば、多くの読者は驚かれるだろう。ただし、ここでいう「仕組み」とは、機械的あるいは電気的な構造ではなく、信号機を自動的に動かすための**情報の流れ**を決定する論理的な構造のことである。

話をもっと具体的にしてみよう。本質的な点をできるだけわかりやすくするため、時間は連続的に流れるのではなく、とびとびに（いわばデジタルに）整数値で流れると仮定する。さて、ここに自動車用信号機Aと歩行者用信号機Bとがあり、Bには付属の押しボタンがついている。（1）押しボタンがOFFのとき、Aは青、Bは赤が点灯する。（2）押しボタンが時間tにONになると、つぎの時点 $(t+1)$ にAが黄信号になる。そのつぎ $(t+2)$ に、Aは赤、Bは青になり、つぎの時点 $(t+3)$ もその状態が続く。そして、そのまたつぎの時点 $(t+4)$ にはもとの状態、つまりAは青、Bは赤に戻る。（3）Aが黄または赤のときに押しボタンを押しても（時間7のところ）無効である（サイクルは変わらない）。以上の働きは、どのような情報処理をする構造から生まれるのだろうか（図8参照。

表では，信号が点灯している状態を1，消えている状態を0で表わす。ボタンの状態についても同様)。

図8 押しボタン式信号機

時間	0 1 2 3 4 5 6 7 8 9 10
A 青	1 0 0 0 1 1 1 0 0 0 1
A 黄	0 1 0 0 0 0 0 1 0 0 0
A 赤	0 0 1 1 0 0 0 0 1 1 0
ボタン	1 0 0 0 0 0 1 1 0 0 0
B 青	0 0 1 1 0 0 0 0 1 1 0
B 赤	1 1 0 0 1 1 1 1 0 0 1

情報伝達の論理的関係

図8の右側の表をよく見れば，信号やボタンの状態のパターンは真理表と共通点がある。たとえば，「1」を「T」，「0」を「F」と読みかえてみれば明らかであろう。それだけでなく，ボタンや各々の信号の状態には，いくつかの論理的関係があることがわかる。たとえば，信号機 A で青が点灯しているとき，赤や黄は点灯していない。これらの状態は互いに反対で，肯定と否定の関係にある。また，ボタンの入力が引き金になって一定のサイクルが生み出されるのだから，ここにも情報伝達の論理的関係がありそうである。

じつは、各々の論理結合子の働きをするスイッチと、入ってきた信号を一時点遅らせて伝達する「記憶」素子とを組み合わせて、図8のようなパターンを生み出す「論理回路」を描くことができるのである。

論理回路の構成要素

　論理回路とは、つぎの4種類の素子を組み合わせた回路である。最初の3つは「論理素子（スイッチ）」と呼ばれ、二値の信号（1, 0）に関してそれぞれの論理結合子と同じ働きをする（図9参照。これらスイッチの表記法は、印刷の都合上、専門分野での標準的な記法にはしたがっていないことをお断わりしておく）。これらの働きを電気的あるいは物理的に実現する方法は、ここでは無視してよい。

図9 スイッチ

入	出
1	0
0	1

入→~→出

入		出
1	1	1
1	0	1
0	1	1
0	0	0

入→∨→出　↑入

入		出
1	1	1
1	0	0
0	1	0
0	0	0

入→&→出　↑入

　第四の素子は「遅延素子（ディレイ）」と呼ばれ、二値の信号を一時点遅らせて出す働きをする。ただし、最初の

出力は1または0に設定できるものとする（図10参照）。この素子の働きによって，外部から入ってきた信号をたくわえたり，回路内部の状態を区別したりできるのである。すなわち，ひとつの素子にはふたつの状態がありうるから，ふたつの素子を（並列で）組み合わせると4個，3つだと8個の状態が区別できる。

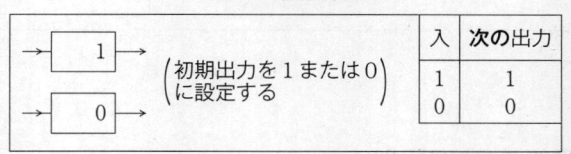

図10 遅延素子

入	次の出力
1	1
0	0

（初期出力を1または0に設定する）

接続の制限

そのほか，回路を作るに当たっては，接続線をつないで，出力を分岐させてよい。ただし，同一線に矛盾する信号（1と0）が同時に通るような接続は禁止する。そのためには，論理素子の出力を入力側に戻す「フィードバック」をやる際に，必ず遅延素子を通すようにすればよい（図11参照）。

レッスン8　真理関数と論理回路 1

図11 分岐とフィードバック

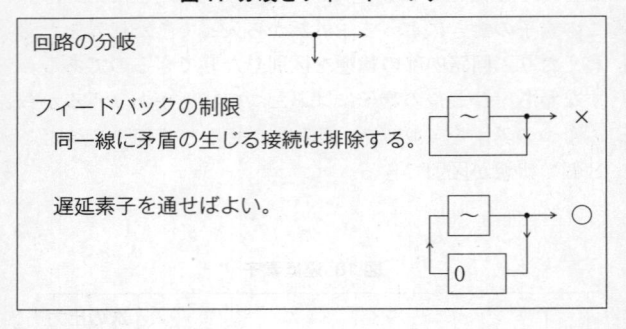

```
回路の分岐

フィードバックの制限
  同一線に矛盾の生じる接続は排除する。

遅延素子を通せばよい。
```

簡単な論理回路

　それでは，真理関数の復習もかねて，論理回路を作る練習をしてみたい。まず，

- （1）　入力 A が1でも0でも常に出力1を出し続ける論理回路を作ってみよう。それができたら，
- （2）　ふたつの入力 A と B に関して，①〜$(A\&B)$ に相当する出力を出す回路と，② $A\&{\sim}B$ に相当する出力を出す回路

とを設計してみよう。解答は図12に示すが，それを見る前に，まず自分でやってみることが肝要である。さらに，

同じようにして，先の表12，中級編の4つの真理関数に相当する出力を出す回路を描いてみよう（これは，読者に対する宿題である）。

図12 いくつかの論理回路

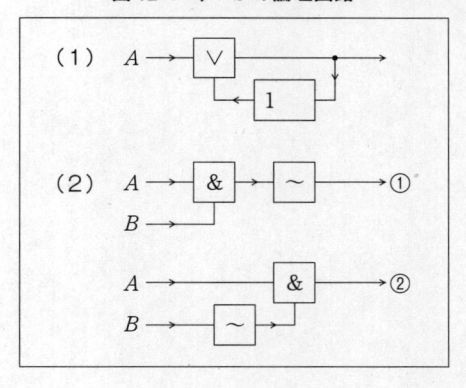

(1) $A \to \boxed{\vee} \to$
   　　　$\boxed{1}$ ループ

(2) $A \to \boxed{\&} \to \boxed{\sim} \to$ ①
   $B \to$

   $A \to \boxed{\&} \to$ ②
   $B \to \boxed{\sim} \to$

レッスン 9

真理関数と論理回路 2

レッスン8の押しボタン式信号機の回路を完成させる。途中で、すべての情報を0と1の組み合わせで表わすという二値コードの原理も説明される。問題解決の過程で、分析的方法がどのように使われるか、注意して観察していただきたい。

押しボタンの論理回路

レッスン8で行なった準備により、先の自動信号機の働きを生み出す回路が描ける。デカルトの方針に従って、複雑な問題はより単純要素に分析して解決策を探すのが賢明である。そこで、まず押しボタンの回路と信号機の回路とを分けて考えよう。

押しボタンの回路については、ボタンを押した時点から4つの時点を区別できることが本質的である。そこで、問題をつぎのように単純化してみよう。「ランプが消えている時ボタンを押すと、つぎの時点より3単位時間ランプがつき、その後消える。ランプ点灯中にボタンを押してもそれは無効で、ランプ点灯のサイクルは変わらないとする。このような機械の論理回路は？」（図13参照）

図13 一時点灯ランプ

時間	1 2 3 4 5 6
入力	0 1 0 0 1 0
出力	0 0 1 1 1 0

ボタン◎→入力→[?]→出力→○ランプ

スイッチと遅延素子とは分離できる

　この問題なら，多くの読者は解けると思う（まず，自力で考えてみることが大切である）。ここでは，応用範囲の広い解決法を紹介したい。この機械では，出力（ランプ）の状態を決める要因はふたつしかない。すなわち，入力の状態と機械の内部状態である。また，一定のサイクルを生み出すためには，機械の内部状態が順次移り変わるのでなければならない。そこで，（1）現在の入力と現在の内部状態から現在の出力状態を決定する表と，（2）現在の入力と現在の内部状態から**つぎの**内部状態を決定する表のふたつが決まれば，この機械の構造はわかるはずである。このようにふたつに分けると，情報が遅れるのは（2）の所だけだから，スイッチだけの組み合わせと，遅延素子だけの部分に回路を分離できる利点がある。内部状態は，じつは遅延素子の状態だけで表わせるのである。

　さて，サイクルはたかだか4時点にしかわたらないのだから，内部状態を仮に a, b, c, d の4つに区別してみよう。そうすると，問いの条件から早速（1）と（2）の表が書けるのである（表13）。それぞれの表で，内部状態と入力との交わる点に，それらが決定する状態を書いてある。

レッスン9　真理関数と論理回路 2　121

表 13 機械の働きを決める表

(1) 現在の出力

		(内部状態)			
		a	b	c	d
入力	0	0	1	1	1
	1	0	1	1	1

(2) つぎの内部状態

		(内部状態)			
		a	b	c	d
入力	0	a	c	d	a
	1	b	c	d	a

　簡単に説明すれば，機械の内部状態は通常は a であり，この時はボタンからの入力の有無にかかわらずランプは消えている（表の (1) 参照）。しかし，ボタンが ON になれば，つぎの内部状態は b に移りサイクルが始まる（そして，a 以外の時は入力の有無にかかわらずサイクルが進行する）。このサイクルは 4 時点かかって a に戻って終る（表の (2) 参照）。

どんな区別も二値(1と0)の組み合わせで表現できる

　さて，この表から論理回路を描くためには，まず内部状態を 0 と 1 の組み合わせ（二値のコード）で書き換えなければならない。表 13 では，内部状態が **4 つ区別できる**という点が本質的なのであって，それらの区別をどのような

記号で表現するかは，適当に選んでよいのである。そこで，aからdにそれぞれ00，01，11，10を割り当てれば，表13は表14に変わる。このように，有限の数の区別はすべて二値の組み合わせで置き換えることができる。この点が情報科学のひとつの基礎であり，真理関数の理論がコンピュータに応用できる理由もまたそこにある。要するに，ふたつ（0と1）に分けるという区別を何回かくり返すことで，どんな大きな数にも達することができるのである。

表14 二値コードによる表

(1) 現在の出力

		(内部状態)			
		00	01	11	10
入力	0	0	1	1	1
	1	0	1	1	1

(2) つぎの内部状態

		(内部状態)			
		00	01	11	10
入力	0	00	11	10	00
	1	01	11	10	00

真理関数がわかれば回路は描ける

そこで，いよいよ真理関数が応用できる段階に達した。先にふれたように，内部状態は遅延素子の状態にほかならない。これが2桁の二値コードで表現されるということは，

遅延素子が2個いるということにほかならない。そこで，論理回路全体の大まかな構造は図14のようになる。そして，表14を生み出すスイッチの回路を設計することは，表15のそれぞれの真理関数を求める問題に帰着するのである（表15は，表14との対応が見やすいように書いたので，左側の0と1の順番がやや不規則になっているが，すべての組み合わせを尽くしているので何も不都合はない）。

図14 一時点灯ランプ全体の構造

表15 スイッチ回路の真理関数

A	B	C	①	②	③
0	0	0	0	0	0
0	0	1	1	1	1
0	1	1	1	1	0
0	1	0	1	0	0
1	0	0	0	0	1
1	0	1	1	1	1
1	1	1	1	1	0
1	1	0	1	0	0

① : $B \vee C$
② : C
③ : $(\sim A \& \sim B \& C) \vee (A \& \sim B)$

そこで，表15①の真理関数を求めてみよう。数字の1と0をそれぞれ真と偽に読み替えると，この関数①は，「B と C がともに偽の場合だけに偽となる命題」に対応す

る。少し考えれば明らかなように，この命題は「$B \vee C$」と表現できる。また，②は明らかに C に等しい。最後の③は，1が現われるところに対応する要素文の真偽の組み合わせを記号で表わし（論理アルファベットを想起されたい），それらすべてを選言でつなげばよい。すなわち，

$$(\sim A \& \sim B \& C) \vee (A \& \sim B \& \sim C) \vee (A \& \sim B \& C)$$

となるが，これは

$$(\sim A \& \sim B \& C) \vee (A \& \sim B)$$

と等しい。これら3つの記号式がわかれば，最後の仕上げは，記号式に対応する論理回路を幾何学的に描けばよいのである（図15参照。なお，論理と機械との関係についてもっと知りたい方は，わたしの『真理・証明・計算』ミネルヴァ書房，1989を参照されたい）。

図15 一時点灯ランプの論理回路

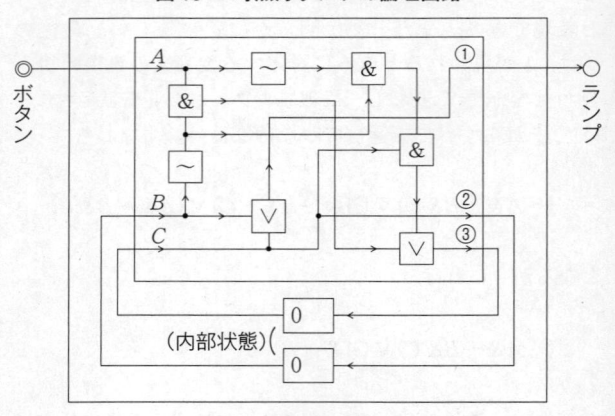

別の解答

なお，多くの読者は遅延素子を3個使って，つぎのような図を描かれたのではないだろうか。これでももちろん結構である。ただ，上述の方法は，一般的にどのような回路を描くときにも応用できるという利点をもつ。

図 16 遅延素子を 3 個使った回路

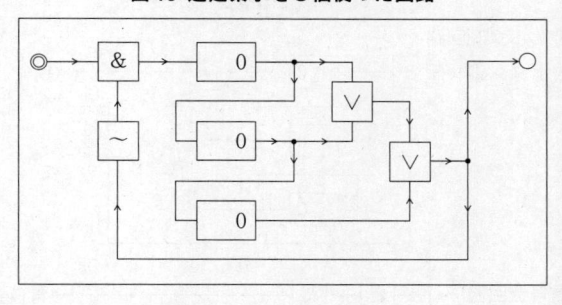

押しボタン式信号機の回路

　これでいよいよ押しボタン式信号機の設計ができることになった。押しボタン回路は先の一時点灯ランプを応用すれば簡単にできる（図 15 と 16 のどちらを使ってもよいが、ここではより簡単な図 16 のほうを使う）。ランプが点灯する 3 時点のうち、最初の時点が①信号機 A の黄信号、②後の 2 時点が A の赤信号にあたると考えればよい。信号機の回路については、これらふたつに対応するチャンネルのほかに、③通常の A が青信号の場合を付け加えればよいのである（通常、①も②も信号 0 のとき、青信号が点灯するようにすればよい）。

レッスン 9　真理関数と論理回路 2　127

図17 押しボタン式信号機の回路

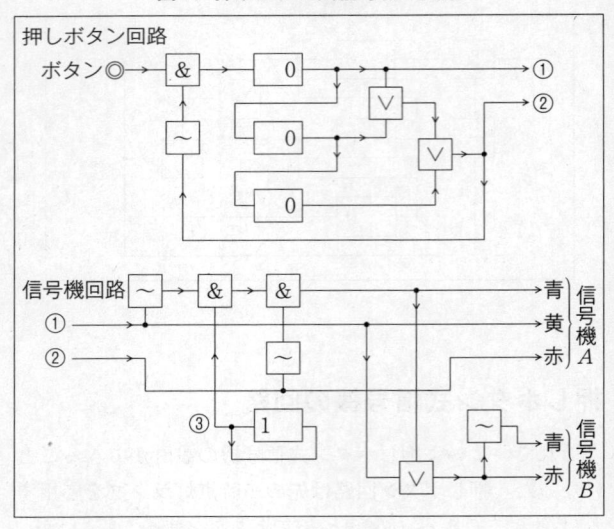

レッスン 10

現代論理学の成立

真理関数や三段論法の理論は，現代論理学のなかでは初歩的な一部でしかない。19世紀の後半，論理学に大改革をもたらしたのは，ドイツの数学者フレーゲであった。彼の『概念記法』という風変わりな本によって，現代論理学の骨格がほぼ完成されたのである。

命題の基本形式？

これまで，真理関数の理論（レッスン5, 7, 8, 9）とアリストテレスの定言三段論法の理論（レッスン6, 7）とを学んだのだが，これらを知っているだけでは現代論理学を知っているとはとても言えない。これらの理論だけでは，もっとも初歩的な数学の命題さえまだ十分には表現できないのである。「十分に表現する」とは，それらを含む論理的推論の構造をはっきりさせることができる，ということも含む。

たとえば，

(1)　2+3>4

という算数の命題を考えてみよう。このような命題を正確に表現するには，それと関係のある別の命題，たとえば，

(2)　2+3=5

とか

(3)　5>4

といった命題との論理的関係がわかるような方法が要求されるのである。ところが，真理表の方法では，命題と命題

の真理関数的な結合は完璧に表現できたものの,命題内部の細かい構造は表現する手段がない。また,三段論法の理論では,命題内部の構造に立ち入って主語と述語,あるいは全称命題と存在命題の区別はできたものの,これらの区別が（1）-（3）のような命題にどう適用できるのかは全然明らかでない。（1）の主語は「2+3」だろうか,それとも「4」だろうか。

　もちろん,数学者はそんな問いには煩わされず,数学独自の記号法で論理学とは無関係にきちんと数学を展開していたのであるが,数学と論理との関係がひとたび問題にされると,これらの問いは無視できなくなるのである。こういった問いを深刻に受け止め,それに真正面から挑んだのはドイツの数学者ゴットロープ・フレーゲ（1848-1925）であった。じつは,先の算数的な命題とそれらに関する推論も,定言命題のかたちに押し込めて扱おうと思えば,できないことはない。しかし,そのためにはおそろしく複雑で無益な回り道を強要されるのである。そこで,フレーゲは,命題にはもっと基本的な形式があり,その形式を押えれば,定言命題も含めてどんな複雑な命題でも表現できるような新しい記法ができると考えた。その記法を彼は「概念記法」と名づけ,同じ名前をもつ本（1879年）のなかで展開したのである。この本において,19世紀までの古い論理学（ブールやジェヴォンズの方法も含めて）を一気に飛び越える現代論理学が,ほぼ完全に近いかたちで示された。

　しかし,この業績が当時としてはあまりに画期的であっ

たことに加え，彼がその記法を風変わりな記号で表現したこともあいまって，彼の仕事は長い間無視されることになってしまった。

変項と関数

　フレーゲの業績も，大局的に見れば，デカルト的分析と綜合の方法のひとつの適用例だと見なすことができる。なぜなら，フレーゲの概念記法によって，数学的推論も含めたすべての論理的推論を解明するための基本的な概念と形式（それらなくして問題解決のための最小単位は見つからない）とが明らかにされただけでなく，真理関数や三段論法の理論も一部として含む，論理法則の総合的な体系を築く道も示されたからである。しかし，その種と仕掛けは，わかってみればごく平凡な観察に基づいている。すなわち，数学的関数の考え方を少し拡張すれば，どんな要素命題についても変項と関数の区別ができる，という発見が基本的なのである。

　たとえば，上述の命題のなかでもっとも単純な（3）を例として考えてみよう。これはふたつの数の間の関係を述べる命題であり，数を名指す「5」や「4」と，それらの間の関係を示す「>」とは異なる役割をもっている。フレーゲの考えでは，後者は空所を2か所もち，それぞれに数字が入れば真または偽になる関数（すなわち，順序のついたふたつの数から命題の真偽を決定する関数）を表わすと見なさ

れる。そして、空所に入るものは「変項」と呼ばれる。この呼び名がやや奇異に感じられるなら、数字の代わりに x や y といった変数を使って、（3）の骨格を

(4) $x > y$

と書いてみればよくわかる（次ページ表16参照）。

　同じ考え方は、数学的命題だけでなく、どんな命題にも適用できる。たとえば、「ソクラテスは人間である」という命題では、「ソクラテス」が変項、「は人間である」が空所一か所をもつ関数だということになる（表16参照）。これは、アリストテレスの定言命題や普通の文法における主語と述語の区別とは、全然ちがう発想に基づいている。

表16 関数と変項

関数	変項の値	関数の値
$x>y$ この形式はつぎのように表わせる。 $L(x,y)$	$x=1, y=1$	F
	$x=1, y=2$	F
	$x=2, y=1$	T
	． ． ．	．
xは人間である この形式はつぎのように表わせる。 $H(x)$	$x=$ソクラテス	T
	$x=$ポチ（犬）	F
	$x=$内井惣七	T
	． ． ．	

変項に関する限量

　変項と関数による命題分析とともに，フレーゲはもうひとつ画期的な工夫を導入した。それは，「すべて」ということばを**変項と組み合わせて**使うことである。たとえば，

134

「すべてのものは人間である」という命題は,

(5)　すべてのxにつき, xは人間である

というように, 変項xを用いてそれを「すべて」と限定するかたちに書き換えられる。このような「すべて」の表わし方を「限量」または「量化」という。この方法により,「すべて」は「ならば」や「ない」などの論理結合子と同じ取り扱いができるようになったのである。すなわち,(5)は,「xは人間である」という基本的な式に「すべて」が付け加わって, より複雑な文が形成されたと見なすことができる。

全称記号と存在記号

そこで,「すべて」に対応する記号を導入しておくのが便利である。以後,(5)のような文は,

(6)　$\forall x(x$は人間である$)$
　　　(表16の記号を使うなら, $\forall x H(x)$)

と書き,「$\forall x$」を全称記号と呼ぶことにする(この考え方はフレーゲに由来するものだが, 記号自体はフレーゲのものではなく, 最近の慣用のものである)。

なお, 全称命題と存在命題の関係(レッスン6, 図4参

レッスン10　現代論理学の成立　135

照）から，存在命題は全称記号と他の論理結合子とを組み合わせて表現できることがわかる。たとえば，「人間は存在する」を表わすには，

(7) 　$\sim\forall x \sim (x は人間である)$

と書けばよいのである（図18参照）。以下では，存在記号「∃x」も導入して（7）の代わりに

(8) 　$\exists x (x は人間である)$

と書くこともあるが，これはいつでも（7）のように書き換えられることを想起されたい。なお，全称記号と存在記号を合わせて「**限量子**」と呼ぶこともある。

図18　存在命題の書き換え

人間は存在する ⟺ 〜（いかなるものも人間ではない）
　　　　　　 ⟺ $\sim\forall x (x は人間でない)$
　　　　　　 ⟺ $\sim\forall x \sim (x は人間である)$

複雑な限量も表現できる

　これらの限量子を使えば，数学で現われる複雑な限量（「すべて」と「存在」の組み合わせ）も表現できる。たとえば，定言命題では「すべて」や「ある」は1回だけしか現われなかったが，数学ではつぎのような命題は珍しくない。

　（9）　どんな自然数についても，それより大きな自然数が存在する。

話を簡単にするため，すべてのものを自然数だけに限ることにすれば，この命題はつぎのように記号化できる。

　（10）　$\forall x \exists y (y > x)$

　この命題をつぎの命題と混同してはいけないのだが，その理由は記号で表現すると明らかとなる。

　（11）　ある自然数が存在し，それはどんな自然数より大きい。

限量子を使って記号化すると（11）はつぎのようになる。

　（12）　$\exists y \forall x (y > x)$

少し考えればわかるように，(9) は正しいが (11) は正しくない。フレーゲの記法では，この違いが限量子の順序の違いに反映されているのである。

定言命題の分析

ところで，三段論法で出てきた定言命題は，限量子を使えばどのように表現できるのだろうか。定言命題の主語と述語に当たる一般名 A, B は空所ひとつの関数と見なせるから，フレーゲ流の分析では四つの定言命題の形式はつぎのようになる。

(13) 　$\forall x(A(x) \supset B(x))$　　　全称肯定
(14) 　$\forall x(A(x) \supset \sim B(x))$　　全称否定
(15) 　$\exists x(A(x) \& B(x))$　　　特称肯定
(16) 　$\exists x(A(x) \& \sim B(x))$　　特称否定

つまり，フレーゲ流の分析によれば，定言命題には限量の構造と真理関数の構造とが隠されていたことになる。この記号化で全称命題と特称命題との関係（レッスン6，図4参照）がきちんと成り立つことは，(7)(8) の関係とトートロジーに基づく推論によって容易にわかる（読者みずから確かめられたい。$\sim(P \supset Q)$ と $P \& \sim Q$ とは同じ真偽の条件をもつことに注意）。

全称命題と代入例との関係

　以上のように，変項と関数による命題分析と全称記号を導入することによって，フレーゲは古い論理学では表現できなかった複雑な命題を書き表わす記法を確立した。それだけでなく，彼は全称記号「すべて」に関して成り立つ論理法則をも初めて明確に定式化したのである。この点を厳密に示すためには，彼が『概念記法』で展開した論理学の公理系に立ち入らなければならないので，ここではサワリの部分だけをいくつかの例で説明するだけにしたい。

　全称記号がかかわるもっとも基本的な論理法則は，「全称命題が成り立つなら，その任意の代入例も成り立つ」というものである。具体例で言うなら，「すべての人間が動物なら，ソクラテスも動物である」。この法則は，変項 x を含む任意の式を $F(x)$ としたとき，

　(17)　$\forall x F(x) \supset F(y)$

と書くことができる。この式で，$F(x)$ はどんな複雑な構造を内部にもっていてもよい。たとえば，

　　　$L(x, y) \& \sim (H(x) \vee L(y, x))$

といった式の全体を $F(x)$ と見なしてもよいのである。そこで，(17) の特殊な場合として

(18)　$\forall x \sim F(x) \supset \sim F(y)$

も成り立つ。これの対偶を取り，存在記号と全称記号の関係を想起して，かつ二重否定をもとに戻すなら

(19)　$F(y) \supset \exists x F(x)$

が得られる。このように，(17) から存在命題とその代入例の関係も決まるのである。

全称命題と真理関数

　全称命題とその代入例の関係から，つぎのような疑問が現われるかもしれない。全称命題は，結局，すべての代入例が成立することを述べているのだから，代入例すべての連言と同じことではないのか？　この疑問に答えることによって，論理法則 (17) の本性がより明確になるであろう。

　このような疑問はきわめて自然なものである。というのは，ものが有限個しかない世界では，全称命題は長い連言と同じ内容をもつであろうからである。たとえば，人間が a, b, c の3人しかいなければ，

(20)　すべての人間は動物である（$\forall x A(x)$）

という命題は，

(21) aもbもcも動物である　$(A(a)\&A(b)\&A(c))$

という連言に等しい。そして，(21) はひとつの真理関数を表わす。さらにこのとき，法則 (17) もトートロジーというひとつの真理関数となる。そうすると，フレーゲが新たに定式化した法則も真理関数の枠に収まることになって，実質的に新しい発見はなかったことになってしまう。

　しかし，問題は，無限個のものを含む世界を閉め出す根拠が論理的にはまったくないというところにある。フレーゲが主要な関心をもった数学の世界においては，とくに，無限を拒否すると大半の問題自体がなくなってしまう。「すべて」ということばの主要な役割は，無限の内容を有限の長さの文で表わせるところにある。そして，その点に全称命題と連言のような真理関数との決定的な違いがあるのである。真理関数はそもそも有限個の要素文についてしか定義されていない。そしてこの制限をゆるめて無限の場合に拡張したとしても，無限の内容をもつ真理関数を表現する式自体が無限の長さになってしまって，何の得るところもないのである。全称記号と連言等の真理関数的結合子との間には，このような本質的違いがある。

　このように，全称命題は原理的に無限の内容を含みうるので，真理関数ではない。したがって，法則 (17) もトートロジーには還元できないのである。この点から言えば，フレーゲのひとつの業績は，それまで有限の制限のなかでしか使われなかった論理学を，無限の世界（とくに数学）

にまで拡張したことである。(念のために言えば,三段論法には確かに「すべて」ということばが出てくるが,レッスン7で明らかにしたように,三段論法の正しさはトートロジーによって定義できる。つまり,三段論法の理論では「すべて」の意味の本質的な部分は使われていなかったのである。)

レッスン 11

述語論理の基本

自由変項と束縛変項の区別を説明したのち,「すべて」や「ある」が含まれる推論や証明を具体的な例で練習してみよう。このような訓練をやるかやらないかが,論理的なセンスや証明力がつくかつかないかの分かれ目である。

自由変項と束縛変項

全称記号が加わって、変項に対する限量が行なわれる論理は「**述語論理**」と呼ばれる。この「述語」ということばは、定言命題の述語の意味ではなく、フレーゲが「関数」と呼んだものを表わす記号のことであり、現代論理学ではこの意味がすでに定着してしまった。以下でもこの意味を採用する。

さて、述語論理では、変項と限量子が入るため、限量子のかかる変項とそうでない変項とを区別して考える必要がある。たとえば、前章で出てきた論理法則

(1)　$\forall x F(x) \supset F(y)$

において、xは全称記号がかかって限量されているが、yはそうでない。このように、限量子のかかっている変項は「**束縛変項**」、そうでない変項は「**自由変項**」と呼ばれる。この区別をなおざりにすると、とんでもないまちがいをしでかすことになるのでよく注意されたい。とくに、限量子がふたつ以上重なるとき、どの限量子がどの変項を束縛するのか、細心の注意が必要である。

具体例で説明してみよう。「すべての人間には親がある」という命題はどのように記号化したらよいだろうか。「人間」が「$H(x)$」と記号化されることは問題ないが、「親」は、じつは「yはxの親である（$P(y,x)$）」という関係の

省略形であって、ふたつ変項を必要とすることに注意しなければならない。そうすると、先の命題はつぎのような式で表わせる。

(2) $\forall x(H(x) \supset \exists y P(y, x))$

この式で、「$\exists y P(y, x)$」の部分だけを見ると、y が存在記号 $\exists y$ に束縛されて x は自由である。しかし、(2) の左端に全称記号 $\forall x$ があって全体にかかっているので、左側の x だけでなく右の x もこの全称記号によって束縛されているのである。限量子にはその作用が及ぶ範囲があって、その範囲のなかで現われる自由変項（限量子がもつのと同じ変項）はすべてその限量子によって束縛される。

束縛変項の書き換え

自由変項と束縛変項の違いは、つぎのようにも説明できる。(2) の部分

$$H(x) \supset \exists y P(y, x)$$

を見ると、ここでは x は自由である。そして、2か所現われる x は**同じもの**を表わすと見なされなければならない。したがって、前後の自由変項 x を別の文字で書き換えてはならない。これに対し、

(3)　$\forall xH(x) \supset \forall x\exists yP(y, x)$

という式では，x が2か所それぞれ全称記号で束縛されて現われる。このとき，2か所の x は**必ずしも同じものを表わすとはかぎらない**。だから，(3)をつぎのように書き換えてもその内容は変わらないのである（表17参照）。

(4)　$\forall xH(x) \supset \forall z\exists yP(y, z)$

ちなみに，(3)や(4)を普通の言葉に翻訳すれば，「すべてのものが人間であるならば，すべてのものには親がある」となる。(2)と(3)は，それらの反証条件を見ればわかるように，違う内容を述べているのである（表17参照）。

表17 限量式の反証条件

$\forall x(H(x) \supset \exists y P(y,x))$ をFにするためには	$\iff$	$H(x) \supset \exists y P(y,x)$ をFにするような x の値をひとつ見つければよい。
	$\iff$	$H(a)$ がTで $\exists y P(y,a)$ がFとなるような a があればよい。
		要するに、親のない人間 a が存在する世界では（2）が反証される。
$\forall x H(x) \supset \forall x \exists y P(y,x)$ をFにするためには	$\iff$	$\forall x H(x)$ をT、$\forall x \exists y P(y,x)$ をFにすればよい。
	$\iff$	すべてのものが人間であるような世界で、$\exists y P(y,x)$ をFにするような x の値をひとつ見つければよい。
$\forall x H(x) \supset \forall z \exists y P(y,z)$ をFにする条件も同じ。		要するに、すべてのものが人間で、かつ親のない人間 a が存在する世界では（3）が反証される。この条件は、明らかに（2）の反証条件より強い。

レッスン11 述語論理の基本

数学における自由変項と束縛変項

多くの読者には自由変項と束縛変項の区別はなじみがないと思われるので,簡単な数学の例をひいてもう少し説明しよう。中学校や高等学校の数学で,多くの数式が出てきたはずだが,未知数を含む方程式は,束縛変項で表わされる典型的な例である。たとえば,

(5) $x^2-4=0$

は,xがどんな値であっても成り立つ関係を述べているのではなく,この等式を満たすxの値が**存在する**ことを述べているのである。したがって,フレーゲ流に書くならこの式はつぎのような意味である。

(6) $\exists x(x^2-4=0)$

他方,変数がどんな値をとっても成り立つ式は,自由変項でも束縛変項でも表わすことができる。たとえば,積や和の交換律がそのような例である。

(7) $x+y=y+x$

この交換律で現われるxとyはそのまま自由変項と見なしてもよいし,つぎのように全称記号で束縛されていると見

なしてもよい。

 (8) $\forall x \forall y (x+y=y+x)$

ただし，どちらの解釈でもよいという背後には，「自由変項の現われる式 $F(x)$ が証明されたなら，その自由変項をすべて全称記号で束縛した $\forall x F(x)$ も証明される」という論理法則が隠されている。フレーゲの仕事はこういったことも明らかにしたのである。

限量子が含まれる推理

　抽象的なことをあまり長々と説明しても退屈するので，このあたりで具体的な推理の問題を解いてみよう。限量子が入っても，分析的な方法は威力を発揮する。

　　例題1　M銀行強盗事件の容疑者として，a，b，c の3人があがった，そしてつぎの事実が確認された。さて，誰が犯人であろうか？
　　① 3人のうちに犯人が少なくともひとりいる。
　　② 犯人はすべて左利きである。
　　③ a が犯人なら c も犯人である。
　　④ b は左利きでない。

いま関心があるのは3人の容疑者だけであるから，「す

べてのもの」はこれら3人だけに限ってよい。述語論理では、いろいろな命題の真偽を考えるとき、変項が表わす「もの」をこのようにあらかじめ設定して話を始めなければならない。このように設定された「すべてのもの」は、専門用語では「個体領域」と呼ばれる。つぎに、この問題を解くために必要な述語は、「xは犯人である（$P(x)$）」、「xは左利きである（$Q(x)$）」のふたつである。そうすると、4つの前提はつぎのように記号化できる。

① $\exists x P(x)$
② $\forall x (P(x) \supset Q(x))$
③ $P(a) \supset P(c)$
④ $\sim Q(b)$

限量子を用いたこのような記号化に対して、読者のなかには「容疑者は3人しかいないのだから、真理関数の方法でやるほうがわかりやすいのではないか」と疑問をもつ人がいるかもしれない。しかし、3つの名前とふたつの述語から、計6つの要素文ができることに注意されたい。ということは、考慮すべき真偽の組み合わせ（論理アルファベット）が計64（2^6）にものぼるということなのである。したがって、要素文が有限個でも、その数が多い場合は述語論理の方法でやるほうがわかりやすいのである。

いずれにせよ、この問題の推理はそれほどむずかしくない。たいていの人は②と④を見るだけでピンと来るはず

である。全称命題 ② でいえることは具体例 b についてもいえるはずだから，② から

⑤　$P(b) \supset Q(b)$

が導かれ，これと ④ から

⑥　$\sim P(b)$

が結論できる。したがって，存在命題 ① を真にするのは a か c しかない。そこで ③ を見れば，$P(a)$ が真かどうかはわからないが，$P(c)$ は確実に結論できることがわかる。つまり，与えられた情報によれば，c は確実に犯人である。

その他，まだわかる事がいくつかある。c が犯人なら，これと ② から $Q(c)$ も真である。さらに，② が成り立つためには，$P(a)$ が偽であるか $Q(a)$ が真であるか，どちらかでなければならない。

分析表

このように，述語論理の場合も，与えられた条件の真偽を分析していく方法で推理ができるのである。以上の推理は，表 18（左端）のように，わかったところから順に真偽を書き入れていけばわかりやすい。表の書き方は，個体名と述語の交差するマスにわかった真偽を書けばよいのであ

る（レッスン10の表16を参照すればわかるように，表18のマス目には，フレーゲ流に言うと各々の関数の値が書き入れられる）。念のために言えば，この表（右の3つ）の各々のマス目が，デカルトの言う「問題解決のために必要な最小単位」となるのである。例題の犯人探しの推理は，かくして，与えられた条件から出発して，それらを成り立たせるための最小単位へさかのぼる「分析推理」にほかならない。これにちなんで，表18は「分析表」と名づけてある。

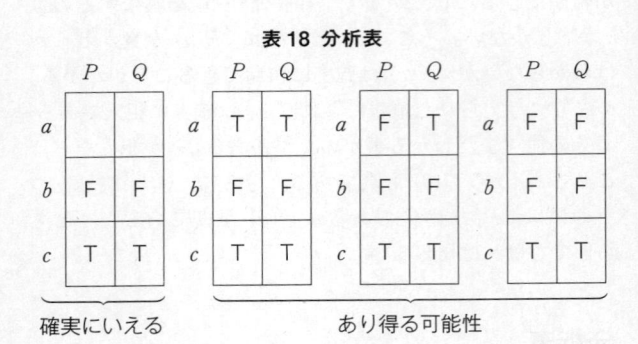

表18 分析表

	P	Q
a		
b	F	F
c	T	T

	P	Q
a	T	T
b	F	F
c	T	T

	P	Q
a	F	T
b	F	F
c	T	T

	P	Q
a	F	F
b	F	F
c	T	T

確実にいえる　　　　　　あり得る可能性

真偽を決める綜合的手続き

では，今度は逆に表18（右3つのどれでもよい）から出発して，例題の①−④の条件がすべて真になることを証

明してみよう（これはデカルトの綜合の手続きにほかならない）。明敏な読者は、「そんなわかりきったことまで説明して馬鹿にするな」とお怒りになるかもしれないが、ポイントは、述語論理における真偽決定のための一般的規則を示すことだから、しばらく我慢していただきたい。

（ⅰ）　まず、わかりきった事だが、分析表では**個体領域**と、最小単位としての**述語のリスト**が示されていることに注意されたい。例題では、個体の数も述語の数も有限だったが、一般にはこれらは無限個あってもさしつかえない。

（ⅱ）　つぎに、述語と個体名からなる**要素文の真偽**が（必要なかぎり）示されている。どんな複雑な限量式の真偽を決めるに当たっても、その基礎はつねにここにある。ただし、一般には、要素文は無限個あってもさしつかえないのである。ということは、真理表と違って、分析表には有限の制限はないのである。

（ⅲ）　要素文の真偽がわかれば、**それらと真理関数的結合子によって構成される式**の真偽はすべて真理表によって決まる。例題の場合、表18から③と④がともに真になる。

（ⅳ）　それだけでなく、**限量子を含む式**の真偽も決まる。全称命題 $\forall x F(x)$ の場合は、全称記号を除いた残りの部分 $F(x)$ を考え、**個体領域のなかのどの個体が x の値になった場合も分析表によって真（T）であれば**、全称命題の全体が真であると見なす。ひとつでも例外があれば全称命題は偽（F）である。例題の②については、

レッスン11　述語論理の基本　153

$$P(x) \supset Q(x)$$

の真偽を x のそれぞれの値について確認すると,表18（右の3つ）のどれによっても T となる。したがって,②は T である。

存在命題の場合は,存在記号を除いた残りの部分 $F(x)$ を考え,**少なくともひとつの個体が分析表においてそれを T にする**なら,存在命題の全体が T であると見なす。そうでなければ存在命題は F である。例題の ① については,$P(c)$ が真であるから ① も T となる。(これで,表18によって ①-④ のすべてが T になることが証明された。)

（v）一般に,どのような複雑な式でも,分析表に基づいて,（iii）と（iv）の手続きをくり返し適用することによって真偽が決まる。これはデカルト的綜合の見事な一例である。

あと気をつけなければならないのは,自由変項が現われる場合であるが,分析表では適当な個体を**ひとつ**その自由変項の値として割り当てなければならない。また,空所がふたつ以上ある述語が入っても,同じ方法が使えるのである（ただし,レッスン12で説明するように,分析表ははるかに複雑になる）。

論理法則の基準？

このように,限量子を含む式の真偽を決める手続きはだ

いたいわかったのだが，それでは推論の正しさや論理法則の基準はどうなるのであろうか。この問いに対する解答はレッスン 12 の終りまで延ばすので，読者も自分で考えてみていただきたい。

レッスン 12

複雑な関係，単純な妥当性

空所をふたつ以上もつ述語で表わされる関係が入ると，述語論理は格段にむずかしくなる。しかし，それは考えるべき可能性が飛躍的に増えるためであり，論理法則自体が複雑になるためではない。論理法則とは，どんな分析表でも反証不可能なのである。

関係が入った場合の分析表

レッスン 11 の方法が関係命題にも適用できることを，つぎの具体例で確認しよう。

例題 2 アダム（a）とブラム（b）は男で，キャシー（c）は女である。彼ら 3 人の間では，つぎのような関係が成り立っている。さて，すべての人に愛されているのはいったい誰か？（個体領域は a, b, c の 3 人に限ってよい。）

① すべての人に愛されている人がいる。
② どの男が愛するどの人も，みな男である。
③ ブラムは自分を愛してない。

例によって，まず記号化して考えよう。「x は y を愛する」を $L(x, y)$ と記号化すれば，「愛される」という受身形は変項の順番を変えるだけで表現できる。また男は M で，女は $\sim M$ で表わす。そうすると，与えられた条件はつぎのようになる。

① $\exists y \forall x L(x, y)$
② $\forall x \forall y (M(x) \& L(x, y) \supset M(y))$
③ $\sim L(b, b)$
④ $M(a) \& M(b) \& \sim M(c)$

問題は，L を含む関係命題の真偽をどうやって決めるかである。L には空所が2か所あり，しかも順序が変われば意味も変わるので，a, b, c 3人のうちから**順序付きで2人を選ぶ（同じ人の対も含める）すべての組み合わせ**を考えなければならない（表19参照）。そこで，関係述語 L 一つと個体名3つを考えるだけで，要素命題に関する真偽の組み合わせはじつに 2^9 にものぼるのである！　そのため，関係が入った推理は飛躍的にむずかしくなる（数学に劣らず，人間関係もむずかしい！）。

　しかし，問題解決の最小単位へさかのぼる分析的推理の方針は変わらない。いくつか目につきやすい条件から推理していくと，まず③と①から，すべての人に愛されるのは b ではあり得ないことが明らかである。さらに，②より，男が愛するのは男しかないので，c もすべての人から愛されるのは不可能である。とすると，①を満たすのは a しかあり得ない。この推理と，その他にわかったことをまとめると表19のようになる。（このたぐいのオリジナルな問題を解いて論理の力をつけたい方は，わたしの『いかにして推理するか，いかにして証明するか』ミネルヴァ書房，1981を参照されたい。独習できるように，全問解答をつけてある。）

表 19 関係を含む分析表

	M		L	L	L
a	T	$\langle a, a \rangle$	T	T	T
b	T	$\langle a, b \rangle$		T	T
c	F	$\langle a, c \rangle$	F	F	F
		$\langle b, a \rangle$	T	T	T
		$\langle b, b \rangle$	F	F	F
		$\langle b, c \rangle$	F	F	F
		$\langle c, a \rangle$	T	T	T
		$\langle c, b \rangle$		T	T
		$\langle c, c \rangle$		T	F

確実に結論　　8つの可能性が
できること　　ありうる

関係命題の真偽

逆に，分析表（表19，Lについてはどれでもよい）から例題2の①-④はすべて真になる。もっとも複雑な②についてのみ，その過程を説明しよう（①については読者みずから試みられたい）。いろいろな証明法があるが，できるだけ簡明で短い手続きですむように工夫してみる。まず，つぎの必要十分条件（⟺）の連鎖が成り立つことは明白である（レッスン11（iv）参照）。

$\forall x \forall y(M(x) \& L(x,y) \supset M(y))$ が真である
⟺ xのすべての値につき，
　$\forall y(M(x) \& L(x,y) \supset M(y))$ が真
⟺ x, yのすべての値につき，
　$M(x) \& L(x,y) \supset M(y)$ が真。

ここで，表19のすべての組み合わせからこれを確かめてもよいが，あまりに芸がないので，「反証が不可能である」ことの証明に切り替える。すなわち，最後の条件はつぎのように書き換えてよい。

（1） x, yのどんな値についても，
　　　$M(x) \& L(x,y) \supset M(y)$ は偽ではない。

これが成り立つことは，この式を偽にするx, yの値を

得ることが表 19 では不可能であることを示せば証明できる。そこで、**仮にこの式が偽になったと仮定してみよう。**そうすると、

> $M(x) \& L(x, y)$ は真で、$M(y)$ は偽だが、そのためには $y=c$ でなければならない。したがって、分析表 19 で L の 3, 6, 9 行目だけ考えればよい。しかし、3 行目では $L(x, y)$ が偽で先の連言は偽となるから不可能。6 行目でも同じく不可能。最後の 9 行目では、$L(x, y)$ の真偽にかかわらず、$M(x)$ が偽だから連言は偽となって、これも不可能。

したがって、先の仮定は成り立たず、結局（1）が成り立つことがわかった。つまり、表 19 によって ② は真となる。

反証不可能な式が論理法則

　限量子を含む式の真偽の決め方や推理の仕方について、不十分ながら一応のことは説明したので、レッスン 11 末で提起しておいた問題にかえりたい。述語論理の法則が（真理関数の）トートロジーだけではないことはすでに述べたが、それではいったいどのように規定できるのだろうか。この問いに関するヒントはすでにいくつか述べてある。

　限量子が含まれる式については、その真偽を決めるための分析表は一般には有限であるとは限らない。また、ひと

つの式を真にする分析表はたくさん（場合によっては無限個）ありうるのである。しかし、トートロジーがどんな真理表によっても偽にならなかったように、述語論理固有の論理法則も決して偽にはなりえないのである。すなわち、**ある式を反証するような分析表が存在しないなら**、その式は論理法則を表わすと言ってよい。言い換えれば、**どんな分析表をもってきてもその式はつねに真となる**のである。この条件を満たすとき、「その式は妥当である」ということにする。

　明らかに、妥当性はその特別な（すなわち有限の）場合としてトートロジーの概念を含む。そこで、妥当性の概念によって、述語論理のすべての法則を特徴づけることができる。ただ、ひとつだけ仮定しなければならないのは、個体領域が空であってはならないという条件である。ものがまったくない世界では推理や証明は不要であろうから、この仮定には異存はないであろう。

論理法則であることの証明

　抽象的な定義の字面だけ見てわかったような気になることは多いが、その定義を多くの具体例で使いこなせなければ、本当にわかったことにはならない。この教訓はレッスン3以来しつこくくり返してきたのだが、述語論理においてはとくによく当てはまる。そこで、妥当性の定義が本当にわかったかどうか検証する意味も含めて、いくつかの式

の妥当性を証明してみよう。

まず、レッスン10で、限量子をもつもっとも基本的な法則としてあげたつぎの式はどうだろうか（$F(x)$ はどんな複雑な構造でもよい)。

（2） $\forall x F(x) \supset F(y)$

妥当であるとは、「反証できない」という意味なのだから、(2)の反証を試みてそれが不可能である（矛盾に陥る）ことを示せば、妥当性を証明したことになる。

そこで、(2)が偽であると仮定してみよう。そうすると「⊃」の真理表によって

（3） $\forall x F(x)$ は真、$F(y)$ は偽である。

この (3) の後半の条件は、自由変項 y に適当な個体 a が割り当てられて

（4） $F(a)$ は偽である

ということである（レッスン11末参照）。ところが、(3)の前半の条件によれば、個体領域のどんなメンバーについても $F(x)$ は真である（レッスン11 (iv) により）ということだから、a についても

(5) $F(a)$ は真である。

しかし（4）と（5）は矛盾するので不可能である。つまり，（2）は偽にはなりえない（証明終り）。

　もう一つ，つぎの式はどうだろうか。ただし，A には自由変項 x は含まれないものとする。

(6) $\forall x(F(x) \supset A) \supset (\exists x F(x) \supset A)$

もしこの式が偽だとすれば,

(7) $\forall x(F(x) \supset A)$ は真，$\exists x F(x) \supset A$ は偽である。

この後半の条件から,

(8) $\exists x F(x)$ は真，A は偽である。

このとき，（レッスン 11（iv）により）個体領域のなかの少なくともひとつの a につき,

(9) $F(a)$ は真である。

他方，（7）の前半の条件から，（9）と同じ a について

(10)　$F(a) \supset A$ は真

でなければならない（Aには自由なxは含まれないので，xにaを代入してもAには変化はない）。そこで，(9) と (10) より

(11)　A は真である。

しかし，これと (8) の後半とが矛盾するので，(6) の反証は不可能である（証明終り）。

練習問題として，(6) の逆，つまり

(12)　$(\exists x F(x) \supset A) \supset \forall x (F(x) \supset A)$

が妥当であることを証明していただきたい。

論理法則でないことの証明

論理法則の証明は，いま述べた方法でいつもうまく行くはずである。では，与えられた式が論理法則で**ない**ことはどうやって示せばよいのだろうか。もちろん，妥当性の定義にしたがって，その式を反証する具体例をひとつ示せばよいのである。たとえば，つぎの式が与えられたとしよう。

(13)　$\forall x (F(x) \lor G(x)) \supset (\exists x \sim F(x) \supset \forall x G(x))$

論理法則の証明の場合は，F や G がどんな複雑な場合も含めて**一般的に**証明できたのだが，反証の場合は，F や G のできるだけ簡単な例を見つけて，全体を偽にする分析表をひとつ書けばよい。しかし，途中までは証明の場合と方針は同じである。

この式 (13) が偽であるためには，

(14)　$\forall x(F(x) \vee G(x))$ が真，$\exists x \sim F(x) \supset \forall x G(x)$ が偽

でなければならない。これをさらに整理すれば，

(15)　$\forall x(F(x) \vee G(x))$ と $\exists x \sim F(x)$ が真，$\forall x G(x)$ が偽

となる。こういう時は，まず存在命題から片付けるのが効率がよい。2番目の条件を満たす個体を a とすれば，

(16)　$\sim F(a)$ は真，つまり $F(a)$ は偽

でなければならない。

しかし，この a について (15) の最初の全称命題は真でなければならないから，

(17)　$F(a) \vee G(a)$ は真

となる。そのためにはもちろん

(18)　$G(a)$ は真でなければならない。

そこで，a だけでは (15) 最後の条件が満たせないので，新しい個体 b を導入して

(19)　$G(b)$ は偽

とする。この b についても，(17) と同様

(20)　$F(b) \vee G(b)$ は真

でなければならないから，結局

(21)　$F(b)$ は真でなければならない。

　以上で反証条件はすべてそろった（表20参照）。後は，できれば具体的に納得できる F と G の例を見つけてやればよいのである。たとえば，$F(x)$ として「x は男である」，$G(x)$ として「x は女である」をとればわかりやすい。「すべての人は男か女である」からといって，「男でない人が存在するならば，すべての人は女である」とは結論できない。これが (13) に対する具体的反証例である。

表 20 論理法則でない式を反証する分析表

	F	G
a	F	T
b	T	F

$\left.\begin{array}{l} F(a) \vee G(a) \text{ は T} \\ F(b) \vee G(b) \text{ は T} \end{array}\right\} \Rightarrow \forall x(F(x) \vee G(x)) \text{ は T}$

$\sim F(a)$ は T $\quad \Rightarrow \exists x \sim F(x)$ は T

$G(b)$ は F $\quad \Rightarrow \forall x G(x)$ は F

∴ $\forall x(F(x) \vee G(x)) \supset (\exists x \sim F(x) \supset \forall x G(x))$ は F

レッスン 13

論理的分析の応用 1

公理的方法について簡単に説明した後，これまで学んできた論理的推論と分析がどのように応用されるか，いくつか有名な例を紹介しよう。「すべて」や集合にかかわる例としてラッセルのパラドックス。形容詞に関するグレリンクのパラドックス。

公理的方法と証明

レッスン12までで，現代論理学のもっとも基本的な部分については一応の説明をした。ただし，いままで説明したのは，真偽の概念によって論理法則を特徴づけるという立場だけであり，公理的方法によって論理法則を抽象的な体系にまとめるという立場については何も述べてない。しかし，20世紀の論理学のひとつの重要な成果は，これらふたつの立場からの論理法則の特徴づけがどのような関係にあるかを明らかにしたことなのである。そこで，補足として，後者の考え方についても最小限のことはふれておかなくてはならない。

命題の真偽の条件から論理法則の特徴を求める方法は，直観的にはわかりやすいのであるが，述語論理においては**無限**の分析表を認める必要があった。しかし，人間に無限のものが把握できるかどうか，疑問をもつ考え方もある。このような考え方では，もし論理法則が有限のものに基礎づけられるのなら，そちらのほうがより望ましいことになる。

ところで，有限の基礎から無限にたくさんの法則を導き出す方法として古代から知られているのは「公理的方法」である。典型的なのは，ユークリッド幾何学であり，いくつかの定義と5つの公理から全体系を築くことができる。つまり，その他の幾何学的法則は「定理」として**公理から証明できる**のである。そこで，論理学においても，同じよ

うな方法で，すべての論理法則を少数の公理から導き出すことができるのではないかという考え方が出てくる。

　この公理的方法を厳密にするためにもっとも貢献したのは，ドイツの数学者D・ヒルベルト（1862-1943）である。この方法では，真偽の概念ではなく，命題の形式に基づいた証明の概念が基本的であると見なされ，適当な公理系のなかでの「証明可能性」によって論理法則を特徴づける道が追究される。たとえば，真理表のトートロジーとなるような式は，すべてつぎのような簡単な公理系で証明される「定理」となるのである。

- (公理1) 　$A \supset (B \supset A)$
- (公理2) 　$(A \supset (B \supset C)) \supset ((A \supset B) \supset (A \supset C))$
- (公理3) 　$(\sim A \supset \sim B) \supset (B \supset A)$
- (規則1) 　Aと$A \supset B$からBを導く（前のふたつが定理として導かれたなら，最後の式も定理として導いてよい）。

ただし，選言と連言は $\supset$ と $\sim$ によってつぎのように定義される（左側の式が出てきたら，右側のように書き換える）。

- (定義1) 　$A \vee B = \sim A \supset B$
- (定義2) 　$A \& B = \sim (A \supset \sim B)$

　このような公理系における「証明」とは，**有限個の式の**

系列であって、その系列中のどの式も、公理であるか、規則によって前の式から導かれたものである（図19参照）。つまり、出発点となる公理は有限個しかなく、証明中にも有限個の式しかないので、証明された式、つまり定理にはつねに有限の制限がかかっているのである。また、証明は式の形に基づいてのみ行なわれ、真偽の考察は無関係である。

図 19 A⊃A の証明

1.	$(A⊃((B⊃A)⊃A))⊃((A⊃(B⊃A))⊃(A⊃A))$	公理2
2.	$A⊃((B⊃A)⊃A)$	公理1
3.	$(A⊃(B⊃A))⊃(A⊃A)$	1, 2 規則1
4.	$A⊃(B⊃A)$	公理1
5.	$A⊃A$	3, 4 規則1

妥当な式と証明可能な式は一致する

公理的方法について、これ以上は立ち入らない。ただ、述語論理に関する重要な結果をひとつ紹介すれば、適当な公理系を作って、すべての妥当な式を、そしてそれらだけを証明できるのである。つまり、妥当性と証明可能性とは一致させることができる。しかも、そのことの証明は分析

的方法の応用によってできる（その説明は複雑になるので省略する。わたしの『真理・証明・計算』ミネルヴァ書房，4, 7章を参照されたい）。

集合の扱いは難しい——論理学から集合論へ

以下では，フレーゲ以後の論理学で明らかにされてきた成果のうち，いくつか有名で興味深いものを紹介してみたい。現代論理学の創始者フレーゲは，じつは算数の基礎づけの問題から新たな「概念記法」を作り出す必要に迫られたのだが，述語論理から算数への橋渡しをするところで大きな難問に突き当たった。というのは，自然数を定義するためには集合の概念を導入しなければならないのである。簡単に言えば，1とか2といった自然数は，ものの性質ではなく，**ものの集まり全体**を考えて初めて定義できるような対象なのである。ところが，この「集まり」すなわち集合の概念には意外な難点が隠されていたのである。

フレーゲは，最初，そのような集合の概念は全称記号「すべて」をめぐる論理法則を介して簡単に定義できると考えた。たとえば，人間の集合を規定するためには，**すべての人間**を集め，それらだけでひとつの集まりを形成すると見なせばよい。まったく同様に，**どんな述語 $F(x)$** についても，F の意味が明確でありさえすれば x の値が与えられると全体は真または偽になるのだから，**真にするような x の値すべて**を拾って集めれば，集合がひとつの対象とし

て確定する，とフレーゲは考えたのである。

そこで，集合論の記号を使って，「$F(x)$ が成り立つような x の値すべてを集め，それらだけから成る集合」を

(1) $\{x\,|\,F(x)\}$

と書くことにする。また，「y が集合 S のメンバーである」ことを

(2) $y \in S$

と書くことにする（これは，空所をふたつもつ述語として表現できることに注意)。そうすると，フレーゲの発想ではつぎの関係が当然成り立つはずである。

(3) $F(y) \Longleftrightarrow y \in \{x\,|\,F(x)\}$

これは，「y が F であるなら，y は F を成り立たせる値の集合のメンバーであり，逆もまた真である」と述べる。事実，フレーゲが算数を基礎づけるために考えた論理の体系では，(3)（に相当する式）が論理法則として導かれる仕掛けになっていた。

ラッセルのパラドックス

ところが，この（３）から矛盾が導かれることが，バートランド・ラッセル（1872-1970）によって 1901 年に発見されたのである（彼はそれを 1902 年にフレーゲに手紙で知らせた）。この式において，F はどんな述語でもよかったから，F の代わりに「$\sim(\in)$」をとっても（３）は成り立つはずである。そうすると，

$F(y)$ は「$\sim(y \in y)$」，$F(x)$ は「$\sim(x \in x)$」となる

から，（３）のひとつの具体例としてつぎが成り立つ。

（４） $\sim(y \in y) \Longleftrightarrow y \in \{x \mid \sim(x \in x)\}$

ここで，右辺に現われる集合をつぎのように r と略記する。

（５） $r = \{x \mid \sim(x \in x)\}$

さて，（３）と（４）で y も任意の対象を表わす変項だったから，集合 r を（４）の y に代入すれば，

（６） $\sim(r \in r) \Longleftrightarrow r \in r$

となる。しかし，これは

レッスン 13　論理的分析の応用 1

(7)　　$(A \supset \sim A) \& (\sim A \supset A)$

とまったく同じかたちの矛盾なのである。つまり，要素文の真偽にかかわらず，全体はつねに偽となる。ということは，(6)のもととなった(3)も真ではあり得ず，ましてや論理法則ではあり得ないということなのである。これがラッセルのパラドックスである。

　このような不都合が生じた主要な原因は，集合という新たな数学的対象が，フレーゲが考えたほど素朴には定義できないというところにある。集合という概念を導入し，集合論という新たな数学を創始したのは，G・カントール(1845-1918)という数学者であるが，集合の概念を無制限に用いると，他にもパラドックスが生じることがわかっている。このようなパラドックスが示すのは，**集合という対象の存在には一定の制限を設けないと矛盾が生じる**ということである。ラッセルの r は，記号の上では定義できても，**存在できない**のである。

　しかも，このような制限はその場しのぎの部分的なものでは不十分である。たとえば，パラドックスの原因は集合 r の定義にもあるのだから，矛盾を生じるような定義だけ禁止すればよいと考える読者があるかもしれない。しかし，事はそう簡単にはすまない。その理由は，つぎの定義を考えてみればわかる。

(8)　　$q = \{x \mid x \in x\}$

この定義と（3）からは矛盾は生じない。しかし，集合論では，ひとつの集合の存在を認めると，**その集合のメンバーでないものすべて**を集めた「補集合」も認めなければならない。ところが q の補集合は

$$\{x \mid \sim(x \in x)\}$$

となって，先の r に等しい。だから，部分的な対策では矛盾は防げず，結局大もとの（3）を拒否するというかたちを強要されるのである。これ以上の詳細には立ち入れないが，（3）を修正し，その制限をどのように設けるかという試みのなかから，「公理的集合論」という新たな数学が生まれた。

　以上のようなラッセルのパラドックス発見とそれに続く試みは，分析的方法のひとつの応用だと見なすことができる。なぜなら，このパラドックスは，直観的レヴェルでは自明に見える（3）が，集合に関する問題解決の基本単位ではあり得ないことを明らかにしたからである。また，その後の試みは，集合に関する基本法則を分析して行く過程だと見なすことができるからである。

床屋のパズル

　ここで，息抜きにつぎのパズルを考えていただきたい。「ある村に一人の床屋がいて，彼は村の住人のうち，自分

でヒゲを剃らない人たち全員の，そして彼らだけのヒゲを剃る。さて，この床屋は，自分自身のヒゲを剃るのだろうか剃らないのだろうか？」

形容詞を形容する

　集合論のパラドックスと似たところがあるので混同されやすいのだが，**ことばとそれの表わすものとの関係を語るとき**にも，困ったことが起きやすい。

　いま日本語の形容詞を考えてみよう。「赤い」とか「短い」とか「近代西洋風合理主義的」という形容詞は，ものの様子を記述することばである。最後のことばは長いが，最初のふたつは短い。ということは，これらのことば（形容詞）もひとつの「もの」と見なせば，ことば自体のもつ性質を形容詞で記述できるのである。

　そこで，自分自身に適用できる形容詞，つまり

　　（9）　形容詞「K」は K（である）

という条件を満たすものを「自己形容的」と呼ぶことにする。この条件を満たさない形容詞は「非自己形容的」と呼ぶ。たとえば，

　　（10）　形容詞「短い」は短い

と言えるので,「短い」は自己形容的である。また,「長い」という形容詞は,このことば自体が長いわけではないので,非自己形容的である。

ところで,いま定義したばかりの「非自己形容的」ということばも形容詞である。では,この形容詞は自己形容的であるのかそうでないのか。もし自己形容的であるとすれば,

(11) 「非自己形容的」は非自己形容的である

が成り立つ(条件(9)により)ので,非自己形容的でなければならない。しかし,このように非自己形容的であるのなら,条件(9)を満たしているので自己形容的でなければならない。このように,この形容詞についても(7)のかたちの矛盾が生じるのである(これは,発見した人の名前にちなんで,「グレリンクのパラドックス」と呼ばれている)。

以上の推論では,レッスン1の「英語は何語?」という詭弁とは違って,ことばを**使う**こととことばを**名指す**ことの区別はきちんと守られていることに注意されたい。ことば**について**語るときには,そのことばを引用符に入れた名前を使って,そのことばを使うときとは明確に区別しているのである。それでは,いったいどこがおかしかったのだろうか。それを明らかにするためには,適切な分析が必要である。

レッスン 14

論理的分析の応用 2

レッスン 13 のパラドックスでは，自己言及のようなある種の循環が目立つが，無害あるいは有益な自己言及や循環もありうる。もっと本質的なのは，文やことばの**構造**を語るのか，**意味**を語るのかという区別である。パラドックスの分類。

自己言及あるいは循環

　グレリンクやラッセルのパラドックスを眺めて誰でも気がつくのは，これらには自己言及あるいはある種の循環が含まれていることである。グレリンクの場合，「非自己形容的」という形容詞に**そのことば自体が表わす**性質が適用できるかと問うので，自己言及は明らかである。また，ラッセルの場合も，問題のひとつの根は「**自分自身のメンバーになる集合**」という全体と成員とが循環する集合にあることは否定できない。こういったところに目をつけたラッセルは，自己言及や悪循環を禁止する方向でパラドックスを解決しようとしたのである。

　しかし，ラッセル流のこのような解決策は，きわめて制限の厳しい集合論をもたらし，集合論のなかで数学を再構成しようという当初の目的に支障をきたした。そのため，現在ではこの方策を支持する人はきわめて少ない。また，数学との関係を持ち出すまでもなく，自己言及を全面的に禁止するための十分な理由は見つけにくい。たとえば，

（1）　この文は十一字からなる

という自己言及文は真であり，それが成り立つ根拠をみずからの内に含んでさえいるのである。

　それどころか，情報化時代の現代では，自己言及を含むきわめて有用な技術さえ身近にある。パソコンやワープロ

を使う人なら御存知のように、コンピュータにはそれを動かすプログラムがあって、いろいろな用途別に「ソフトウェア」として売り出されている。しかし、このようなプログラムは、文書や各種のデータとまったく同じように各種ディスクなどに保存したり複写したりできるのである。とくに、機械を動かす**基本的なプログラムに従ってそのプログラム自体**をコピーするためには、ある種の自己言及が不可欠である。この自己言及は、グレリンクのパラドックスに含まれるようなものとは違って、（1）のような無害なものである。また、生物の遺伝子を担う DNA（デオキシリボ核酸）の自己複製の原理も、同じような自己言及に依存している。

では、パラドックスを生み出すような有害な自己言及や循環と、そうでないものとは、どこが違うのだろうか。

記号自体の構造と記号が表わす意味

この問いに答えるためには、ことばや記号のはたらき方や、ことばとそれが表わすものとの関係を調べてみなければならない。それには、レッスン 11 とレッスン 12 で学んだ命題の真偽の条件を分析して行く方法が応用できそうである。そこで、そのような観点から（1）とグレリンクのパラドックスとをもう一度比較してみよう。

まず、（1）の自己言及がなぜ無害か、その理由を理解するのはむずかしくない。つぎのふたつの文を見よう。

（1）　この文は十一字よりなる。
　　（2）　一行上の文は十一字よりなる。

（1）の文における「この文」ということばは，もちろん（1）自体を指すと仮定する。さて，これらの文の真偽を判定するためには，まず**文全体の意味**が理解されなければならない。（2）についてはまったく問題がないし，（1）についても自己言及さえ認められるならまったく問題はない。

では，ふたつの文の真偽を判定するにはどうしたらよいのだろうか。どちらの場合にも，明らかに，（1）の文の字数を数えればよい。そのためには，（1）の文の**外に出る必要はまったくなく**，判定作業はここで終る。（1）や（2）の真偽を決める条件は，ふたつの文の意味により（1）**自体の構造のなかに含まれている**のである。言い換えれば，「十一字よりなる」という述語は，文や記号の構造に関する性質を述べているから，名指された文が決まればそこで決着がつくのである。このように，自己言及はあっても悪循環はどこにもない。

つぎに，グレリンクの例を3つ見よう。

　　（3）　形容詞「短い」は短い。
　　（4）　形容詞「短い」は自己形容的である。
　　（5）　形容詞「非自己形容的」は非自己形容的である。

まず (3) の場合,「短い」という述語は何を意味しているのだろうか。これは,物やことばの性質について語る。したがって,その性質を測る基準が決まり,名指された形容詞が決まれば,文の真偽は問題なく決まる。ここでも,困った事は何も起こらない。しかし,(4) の「自己形容的」の意味は少し違う。すなわち,これは定義により,**形容詞とそれが表わす意味との関係**を述べる。この意味は,違ったことばや記号で表わすこともでき,**そうしても (4) の真偽の条件は変わらない**。たとえば,「自己形容的である」の代わりに「非自己形容的でない」と言い換え,

　　(6)　形容詞「短い」は非自己形容的でない

という文を使っても (4) と**同じ意味**が表現されており,真偽の条件は同じである。この点で,(4) は (1) や (2) と顕著に異なるのである。「十一字よりなる」という述語を同じ意味の「じゅういちじよりなる」で置き換えれば,(1) は

　　(7)　この文はじゅういちじよりなる

となり,構造が変わる (14字よりなる) ので偽となる。このように,意味を表わす述語と,構造を表わす述語には大きな違いがある。そこで,前者は「**意味論的**」,後者は「**構文論的**」と呼ばれて区別される。

ちなみに、レッスン13でふれたヒルベルトの公理的方法の特色もこの点に関係がある。公理的方法においては、記号式の真偽は問題にせず、その形だけに基づいて証明が行なわれる。ところが、形とは記号式の内部構造、すなわち構文論的性質だけにかかわるから、グレリンクのパラドックスのような心配をする必要がない、という利点が生じるのである。

表21　いくつかの意味論的関係

ことば，記号	それが表わすもの	両者の意味論的関係
「ソクラテス」	特定の人間	固有名が特定の個体を**名指す**
「は人間である」	空所に個体名が入れば真または偽になる関数	述語が特定の関数（性質）を表わす
「『K』はK（である）」	Kのところに形容詞が入れば真または偽になる関数	述語が特定の意味論的関数を表わす
「は自己形容的である」	空所に形容詞名が入れば真または偽になる意味論的関数	述語が特定の意味論的関数を表わす

分析の成功と不成功

 さて,「自己形容的」あるいは「非自己形容的」といった意味論的性質が成り立つかどうかは,ことばや文だけ眺めていてもわからない。それらのことばや文と,それらが表わす意味との関係によって真偽が決まるのである。たとえば,(4)は真であるが,それを言うためには,「短い」ということばと,それが表わす性質,たとえば「3字以内で表現できる」という性質とが,取り決めないしは慣用によって結ばれているかどうか確認しなければならない。もちろん,主語の形容詞が変われば,違う事実を確かめなければならないのである。(4)の場合は,もちろん,(3)と定義にさかのぼり,(3)が真であることが確かめられるから,困った事は生じない。

図 20 分析の成功と不成功

文	真偽の条件
この文は十一字よりなる （分析成功）	①「この文」は左の文を指す。 ② 述語「十一字よりなる」の意味により，左の文の字数が 11 であればその文は真である。 ③ 事実，字数は 11 である。 ④ この事実により，左の文は真である。
形容詞「短い」は短い （分析成功）	①「短い」は引用符内の言葉を指す。 ②「短い」の意味により，三文字以内の言葉は短い。 ③「短い」という語は二文字よりなるので，その語は短い。 ④ したがって左の文は真である。
形容詞「短い」は自己形容的である （分析成功）	①「短い」は引用符内の言葉を指す。 ②「自己形容的」の意味により，左上欄の文が真なら左の文は真である。 ③ 左上欄の文は事実真である。 ④ したがって左の文は真である。
形容詞「非自己形容的」は非自己形容	①「非自己形容的」は引用符内の語を指す。

である	②「非自己形容的」の意味により，その指された語が自己形容的なら左の文は真である。
	③「自己形容的」の意味により，その指された語が非自己形容的なら左の文は真である。
（分析不成功）	④ どちらにせよ反対の結果に導かれ，矛盾に陥る。

　ところが，（5）のように「非自己形容的」ということばの意味がそのことば自体に当てはまるかどうか問うときには，本来文やことばの外に出て確認すべき事実が，「自己形容的」という語の意味によってことばのなかに投げ返されて，行止りのない悪循環に陥るのである。デカルト流に言うなら，「x は非自己形容的である」を真にする条件を分析して「問題解決のための最小部分」にさかのぼろうとしたのに，x の場所にその述語自体を名指す「非自己形容的」という語が入ったため，（4）の場合と違って，自己形容とその否定の間の悪循環に巻き込まれたのである（図20参照）。以上の分析より，パラドックスの原因は**意味論的述語と自己言及との組み合わせ**にありそうだと推理できる。

うそつき

　意味論的な性質を表わすものとして，われわれにもっともなじみが深いのは，じつはすでに何度も使った真偽の概念なのである。わかりやすく言うなら，真偽の概念によって文と世界とがつながれる。そこで，先の推理によれば，「真」とか「偽」ということばも注意して使わなければパラドックスが生じることになる。本当にそうかどうか確かめてみよう。

　まず，（1）の構文論的述語との対比がよくわかるつぎの文を考えてみよう。

　　（8）　この文は偽である。

もしこれが真であれば，その述べることが成り立って偽でなければならない。逆に，もし偽であれば，述語「偽である」が否定されるから真でなければならない。これは明らかに矛盾である。このように，構文論的述語ではまったく問題のなかった自己言及が，意味論的述語「偽」と結びつくと直ちにパラドックスを生むのである。

　では，つぎのふたつの文ではどうだろうか。

　　（9）　つぎの文（10）は偽である。
　　（10）　上の文（9）は真である。

もし（9）が真なら、（10）は偽だから、（10）が否定されて（9）は偽でなければならない。他方、もし（9）が偽なら、（10）は真であり、したがって（9）も真でなければならない。これも矛盾である。ただし、この場合は自己言及があるというよりも、意味論的述語「真」「偽」とふたつの文の間での相互言及とがあいまって、行止りのない悪循環が生じているのである。

このような「真偽」の概念を含むパラドックスは、「うそつきパラドックス」という名でよく知られている。「うそをつく」というのは、「（意図的に）偽なる文を言う」ことだから、これも意味論的述語を含むのである。そこで、「うそつき」を「偽なる文しか言わない人」と定義すれば、人が首尾一貫した（つまり、矛盾を生み出さない）うそつきであるためには、決して言ってはならない文がある。さて、それはどんな文だろうか？

パラドックスの分類

この2章では大分込み入った話をしたので、このあたりで一応のまとめをしておきたい。本章では、ことばの意味にまで立ち入った場合には、構文論的述語と意味論的述語の区別が重要であることを示した。そして、矛盾を生み出す自己言及や悪循環は後者との組み合わせでのみ生じる事を示唆した。以上のことは、本書できちんと証明したわけではないが、20世紀の論理学のひとつの重要な成果であ

るといってよい。

では、意味論的述語を含むパラドックスはどのように解決できるのだろうか。現在広く受け入れられているのは、言語の階層を区別する方法である。ことばとそれが表わすものとの意味論的関係を矛盾なく語るためには、**語られていることば**と**語ることば**とを区別することが不可欠である。たとえば、「x は真である」という文においては、x のところに**語られる対象となる文**を名指す表現（この表現自体は語る言語に属する）が入り、**全体の文は語る言語に属する**。専門用語では、前者を「対象言語」、後者を「メタ言語」という。わかりやすい例で言えば、英語の文の真偽を日本語で論じるとき、英語が対象言語、日本語がメタ言語ということになる。

この観点からすると、（8）のうそつきパラドックスは、本来メタ言語に属する文を対象言語に属するものと混同したところから生じたのである。グレリンクのパラドックス（5）についても同様である（それゆえ、その混同が含まれない（3）と（4）には問題が生じなかった）。

ところが、ラッセルのパラドックスをはじめとした集合論のパラドックスには、この解決策は通用しない。というのは、集合論を公理的方法で（つまり、真偽ではなく形式的証明に基づいて）展開するときに、意味の問題を考える以前に、これらのパラドックスが生じうるからである。この点を指摘し、集合論のと意味論的パラドックスとを区別したのはラッセルの弟子で早世したフランク・ラムジー

(1903-1930)である（ただし，彼の言葉では，前者が「論理的パラドックス」，後者が「認識論的パラドックス」と呼ばれた）。そこで，すでにふれたように，集合論のほうでは，「集合」の概念を基に矛盾のない公理的体系を作る試みがなされたのである。

　ただ，意味論的パラドックスの上述の解決法は広く受け入れられているとはいえ，近年再びその論議が盛んになる兆しもあり，哲学的な火種はまだ消えていないのである。

　これら2種のパラドックスに加え，いわゆる「疑似パラドックス」（26-30ページ）のたぐいは枚挙にいとまがない。たとえば，レッスン1で紹介したプロタゴラスの裁判や，レッスン13での床屋のパズル（179-180ページ）などがこれに属する。これらの解決は単純明解である。つまり，プロタゴラスとエウアトルスの約束にせよ，村の床屋の記述にせよ，問題の前提に矛盾が隠されていたのが原因である。**その約束**は裁判で決着をつけることができない仕掛けになっている，と指摘すればそれが前者の解決である。また，**そんな床屋**は存在できない，と指摘すればそれが後者の解決である。

レッスン 15

明晰に考えるために

論理の力とは，基本的には，知識の項目を増やすとか公式を覚えることで身につくようなものではない。そうではなく，運動や各種の技能のように，基礎体力をつけ，ふだんに使いこなす訓練をして初めて身につくものである。よく考えるためのいくつかのヒント。

論理と明晰な思考

本書では、よく考えるための方法としてデカルトの分析と綜合に着目し、それが19世紀と20世紀の論理学のなかでどのように適用されているかを調べてきた。そして、抽象的な規則として読んだだけでは当然のように見える彼の規則が、具体的な問題に応じて使いこなされるとじつに多彩な成果を生んできたことを確認した。本書もそろそろ終りに近づいてきたので、これまで学んだことの復習とその後の簡単な展望もかねて、論理的思考の本質と、明晰な思考力と論理的センスを身につけるためのポイントをまとめてみたい。

論理の基本はトートロジー

まず、もっとも基本的な論理法則とは、じつに単純なものでしかない。すなわち、要素文の真偽にかかわらずつねに全体が真となるトートロジーによって、そのような法則はすべて尽くされるのである。しかし、このような単純な法則だからといって、それを軽視してはいけない。いかに単純でも、そんな法則がふたつか3つ重なるだけで、われわれ凡人にはそれらの当然の帰結が見えなくなるのである。この点は、消去による推理（レッスン4）、真理表の方法（レッスン5）、三段論法の理論（レッスン6）のところで実感していただいたはずである。

われわれ凡人の思考力のこのような欠点を克服するためには，これら単純な法則を使いこなし，できるだけ先まで見えるように思考力を鍛えるほかはない。とにかく，このもっとも単純なステップをおろそかにしては，明晰な思考などできるはずがないのである。それは，ちょうど，囲碁や将棋のようなゲームで上達するためにも，一手一手のヨミをおろそかにしてはいけないのと同様である。ついでにこのアナロジーをもう少し広げるなら，ヨミを訓練すれば数手，数十手のつながりが一目で見えたり，良い手がヒラメキやすくなるのと同様，単純なトートロジーを見分ける訓練によって，推論の長い連鎖がホームズなみに一目で見えるようになるのである。

述語論理が第一の壁

　真理表の方法は，根気さえあれば誰にもマスターできる。しかし，述語論理に入って限量子と関係を扱う段になると，多くの落後者が出るおそれがある。まず第一に，考えるべき可能性が飛躍的に増えるので，「丸暗記」や「シラミつぶし」のたぐいの方法ではどうにもならなくなるからである（レッスン10, 12）。第二に，変項や限量子の扱いに細心の注意が要求されるからである（レッスン11, 12）。しかし，ここをクリアーしないことには，「現代論理学」を知っているとはとても言えない（レッスン10）。

　述語論理の形成は論理学の歴史において革命的な出来事

であった。それだけでなく，真理関数の理論と述語論理との間にはひとつ大きな切れ目がある。というのは，少し専門的なことに立ち入ることになるが，トートロジーについては**機械的な手続きで見分ける方法**があるのに対し，述語論理の妥当性についてはそれが不可能であることが明らかにされたからである。さらに，述語論理から算数に移るところでは，「どんな無矛盾な公理系を作っても，そのなかで証明できない算数の真理がある」という，もうひとつ大きな切れ目があるのである（これらは1930年代の成果である。とくに後者は「ゲーデルの定理」と呼ばれ，20世紀の知的発見のなかでも特筆されるべきものである）。こういったところは，各種のパラドックス（レッスン13, 14）とも深いつながりがある。述語論理の壁を乗り越えたなら，このような興味深い成果にもふれることができるので，興味のある読者は是非がんばっていただきたい。

ただし，述語論理の「妥当性」の概念自体はトートロジーの延長だと見なすこともできる。すなわち，「有限の枠のなかで反証不可能」な式がトートロジーだったのだが，その枠を無限にまで拡張すれば妥当性の概念となる。この観点から見るならば，論理法則の本質そのものは，述語論理に入っても単純であるといってよい（レッスン12）。

述語論理の力を鍛えるために

本書では，残念ながら，紙数と時間の制限があって，述

語論理の力を十分に訓練するだけの題材は提供できていない（とくに，公理的方法に関する題材が不十分である）。また，仮に十分な教材を提供できたとしても，読者の皆さんが**実際に頭と紙と鉛筆を使って**みずから訓練に励んで下さらなければ，そのような力を獲得することは不可能なのである。この点は，わたしが教えた学生諸君に二十数年にわたって言い続けてきたことなのだが，実行してくれた人はあまり多いとはいえない。

とくに困るのは，前提条件や定義などによって具体的な問題が与えられているのに，ただボンヤリと頭のなかで瞑想しただけで「わからない」とあきらめてしまう人である。そんな漠然とした瞑想でわれわれ凡人に解答が出せるわけがない（もし出せるのなら，その人は**非凡な**才能の持ち主で，こんな初歩的な本などお読みになる必要はない！）。しかし，そんな凡人でも，紙や鉛筆を使って条件や定義を確認し，問題の分析を具体的に行なえば，10倍も20倍もよく考えられるのである。マンガや週刊誌を読むには補助手段は要らないが，論理の力をつけるためにはそれが不可欠である。

それはともかく，レッスン10からレッスン12にかけて説明したような述語論理における命題の真偽条件の分析は，デカルト的分析の訓練をするには絶好の題材である。なぜこんな抽象的な記号式の扱いが絶好の題材になるかといえば，（a）適度の難しさで，しかも**ごまかしが利かない**ことが良いのである。思考力や分析力を鍛えるには，白黒の区別がはっきりつく題材で始めて，知的な誠実さをまず養

わなければならない。間違いを何とでも言いくるめられるような曖昧な題材では、話にならないのである。それに加えて、(b) 記号式自体は抽象的でも、その**具体例**を探すのは容易である。これがもうひとつの長所である。数学と違って、述語論理の式の妥当性を試す具体例はどんな領域からもってきてもよい。したがって、自分にとってもっともわかりやすい具体例で記号式の適用例や反証例を構成してよいのである（レッスン 12 末参照）。

誠実に考えて具体例でチェックする

念のために、以上のふたつの点を具体例で説明してみよう。述語論理をマスターできず、途中で脱落する人の多くは、(a) の知的誠実さ（正しい事とそうでない事とをはっきりさせる）の追究が不十分であるか、あるいは (b) の具体例への適用を怠るか、どちらか（あるいは両方）に問題があるように思う（これは、わたしの経験に基づいた個人的な判断にすぎない）。たとえば、つぎの式の妥当性を証明したいとしよう。

(1) 　$\sim \forall x F(x) \supset \exists x \sim F(x)$

ところが、その「証明」で、つぎのような論法を使う学生が、毎年必ず何人か出てくる。

1. （1）の妥当性を示すためには，それを反証する分析表が存在しないことを示せばよい。
2. そこで，（1）を偽にする分析表が存在すると仮定しよう。すなわち，この分析表で $\sim\forall xF(x)$ は真，$\exists x\sim F(x)$ は偽であると仮定。
3. 第1の条件より，$\forall xF(x)$ は偽である。
4. したがって，x がどんな値をとっても $F(x)$ は偽である。
5. つまり，x の値にかかわらず $\sim F(x)$ は真である。
6. したがって，当然 $\exists x\sim F(x)$ も真となる。
7. ところが，2の第2の条件より，これは不可能。
8. そこで，2の仮定は否定され，（1）は妥当である。

この「証明」のいったいどこがおかしいのだろうか。**望みどおりの結論が導けた**ので気がつかないのかもしれないが，ステップ4がデタラメである。知的な誠実さとは，正しい推論で正しい結論を証明することをめざす。間違った推論の結果，たまたま正しい結論にたどり着いたのでは，論理的には一文の値打ちもないのである。多くの読者はすでにお気づきだと思うが，全称命題を真にする条件と，偽にする条件とは**非対称**なのである（レッスン11（iv）参照）。全称命題が偽になるためには，それを反証する値が**ひとつあれば十分である**。したがって，3から4は出てこない。これをうっかり見過ごしたのなら，知的な怠慢である。また，意図的にそうしたのなら，これは詭弁または知的な詐

欺である。

　このような誤りは，(b) の具体例でのチェックを怠らなければ容易に防ぐことができる。全称命題を真にする条件から偽にする条件に移るときに少しでも不安があれば，簡単な具体例に置き換えて考えてみればよいのである。「すべての人間は男である」という命題が偽であるからといって，「いかなる人間も男ではない」と結論する人はめったにいないはずである。ところが，抽象的な記号を使って推論するときには，これと同じか，それ以上に大きな誤りを犯す人が何十倍にも増えてしまう。それが，本書で一貫して具体例でのチェックを強調した理由である。

ことばの意味に注意する

　述語論理を展開する上でカギとなったのは，否定，選言，限量子などごく少数の「論理結合子」と呼ばれることばであった。これらと，フレーゲ流の命題分析とが結合することによって，集合論や全数学を展開する際に必要かつ十分な論理法則の体系を作ることが可能になったのである。命題の真偽の条件を分析したり，分析表に基づいて命題全体の真偽を決定する際には，これらのことばを含む規則が不可欠であった（レッスン 11 (i)-(iv) 参照）ように，論理法則とこれらのことばの意味の間には本質的な関係がある。したがって，論理的な推論や分析は，これらのことばの意味に依存しているということもできる。

それだけでなく、前提や定義からの推論の場合には、それらに含まれるキーワードの意味に鋭敏でなければならない。それをおろそかにすると、レッスン13やレッスン14で見たようなパラドックスに陥ることさえある。また、そんなむずかしい例を持ち出すまでもなく、小学校の算数で一次元の長さ（たとえば、メートル）に基づいて、二次元の面積（平方メートル）や三次元の体積（立方メートル）が定義された時に、頭が混乱した経験をおもちの方も多いのではないだろうか。たとえば、「12.5平方メートルは何平方センチメートルか」という問題に答えるには、「センチメートル」とは「百分の一メートル」であるという意味（定義）と、「1平方メートルとは、縦横ともに1メートルの四角形の面積である」という意味（定義）を押えなければ話が進まない。「1メートルは100センチだから、12.5平方メートルは1250平方センチだ」などと推論するのは、ことばの意味にまったく鈍感なために生じた誤りである。

　このように、ことばの意味に対する感度をみがき、的確な区別や整理をすることも、明晰に考えるためのひとつの必要条件なのである。同じことは、考えるときだけでなく、その考えを人にわかるように表現するときにも当てはまる。

明晰な文

　いくら明晰に考えても、その考えを同様に明晰に表現できなければ、他人にはその内容を伝えられない。これは、

日常言語での表現から，数学のむずかしい証明に至るまで例外なく当てはまる事実である。ただ，人によって理解力や表現の難易度の感じ方には差があるから，そこまで考慮に入れた表現の方法を考えるには，論理だけでなく他の要素も必要であることは言うまでもない。しかし，論理的な筋道と区別をきちんと押える努力をするだけで，たいていの場合は文章表現を見違えるように明晰にすることができるのである。以下では，そのためのポイントをいくつか述べてみたい（それらは，わたしが本書を書く際にも努めて心がけたことをお断わりしておきたい）。

まず，ひとつひとつの文章を明晰にするために工夫すべき点を列記してみよう。

（1）　あまりたくさんの事をひとつの文章のなかで言おうとしないこと。

真理関数の理論をマスターした読者には当たり前のことだが，たくさんの内容をひとつの文に入れると，それに比例して文の真理関数的構造が複雑になるから，凡人には内容がわかりにくくなる。とくに，話題やテーマが違うもの，互いの関連がうすいものをひとつの文のなかに無理に押し込めてはいけない。

（2）　句読点や接続詞の使い方に神経を使い，文のなかでの内部構造が明確にわかるようにすること。

これも、真理関数や変項と関数の区別を学んだ読者には自明に近いことである。ただ、書き手にはわかっている構造が、読み手にはわからないことも多いので、読まされる人の立場で考えることも大事である。以上は、主として**文の構造**に関する注意である。

つぎに、用いる**ことばや表現の意味**に関係するポイントがいくつかある。

(3) 文脈によって多義的に受け取られることばはできるだけ避ける。他に適当なことばがないときには、ひとつの意味を特定できるだけの補足をつけること。
(4) 代名詞やそれに類する表現を使うときは、それらが何を表わしているか、できるだけ明確にするよう工夫すること。

これらは、いずれも、明晰さを妨げる意味の多義性を取り除くための工夫であるが、(4)についてはその工夫が文の構造に反映されることも当然ありうる。具体的にどうやればよいか、それは(4)の文における「それ」と「それら」の使い分けや、この文自体を参考にされたい。

(5) 難解なことばは必要なとき以外できるだけ避けること。とくに、同じことを言うためにもっと平明な表現ができるときは、そちらを優先する

こと。

 ことばの選択には個人の好みの問題もからむのでむずかしいのだが、無理して難解な表現を多用することはない。わたしのように哲学の教師をやっていると、難解用語を多用した学生の論文やリポートを読まされることも多い。しかし、たとえば「もともと……という意味である」と書けばよい所を、「根源的に……という意味を内包する」なんぞと表現されると、それだけで読む気をなくする。

明晰な議論展開

 つぎに、複数の文章をつないでまとまりのある段落を作ったり、ひとつの議論や推論を進めるときに注意すべき点に移ろう。このような場合、全体が明晰であるかないかの分かれ目となるポイントはふたつある。

　　（6）　議論全体の構成を論理的順序に従ってきちんと組み立てること。

これは、まさにデカルトの分析と綜合の真髄なので、詳しく論じる必要はあるまい。要するに、どういう前提や原理に基づいて、どういう経路でどういった結論にたどり着くのか、**議論や論証の構造を明示する**工夫が肝心なのである。そのためには、まとまりのつく所はその部分だけでひとつ

の単位となるように区切り、そういった単位を積み重ねるのがわかりやすい。段落のない長い議論を読まされるのは、何行にもわたる長文を読まされるのと同様、非常に疲れるものである。

また、部分部分を明晰にするための主要な手段として、文から文へ移る際の**接続詞の使い方**に注意しなければならない。

> (7) 推論や理由づけを表わす接続詞、あるいは一般命題から具体例へ移る際の接続詞などを、全体の構造を考慮に入れつつ、それぞれの部分で的確に使いこなすこと。

たとえば、「したがって」と続くのか、「なぜならば」でつなぐのかで、前後の文は逆転する。あるいは、具体例を先に出してそれを一般化するのか、逆に一般命題を証明した後で、それの理解を助けるために具体例を示すのかで、つなぎ方は変わってくる。一般的に言って、理由と結論を同じ文に押し込めたり、一般命題とその具体例をひとつの文のなかで同時に論じるなどすれば、明晰さを損なうことが多い。

もちろん、このような配慮は言葉の使い方のテクニックだけの問題ではない。論述される**内容自体が論理的に整理されて**いないかぎり、言葉だけでは明晰さは生まれない。前後の文の意味内容が論理的につながらないのに、「した

がって」や「つまり」という接続詞でつないだのでは，支離滅裂な文章にしかならない。

　いずれにせよ，実質的に同じ内容の正しい証明であっても，こういった配慮の善し悪しによって，簡潔で美しい証明になったり，モタついてわかりにくい証明になったりするのである。そこに，論理的なセンスのよしあしがあらわれる。

　以上に述べた7つのポイントは，いわゆる美文や名文を書くためのコツではない。そうではなく，論理的な観点から見て文章を明晰にするための注意である。本書全体の執筆も，こういった配慮をしつつ明晰にするよう努めたのだが，それが成功しているかどうかの判定は，読者の皆さんにしていただくほかはない。

おわりに

　詭弁のように，まちがった論理的推論ゆえにおかしな結論が出される例と，正しい推論が行なわれているのに，結論が意外性をもつために一見奇異にみえる例とを区別しなければならない。こういった例が的確に見分けられるようになれば，あなたの論理は本物である。本書の目的は，こういった能力を，つまり論理的なセンスを養成することであった。

参考文献——さらに進んで勉強する人のために

「法科大学院」ができて以降,「ロジカル・シンキング」を鍛えるという手軽な本が多数出ていますが,「論理学」を本当に勉強したい人にはおすすめできません。以下は,論理のおもしろさや,ちょっとした学術的雰囲気も味わってみたいという人のための,簡単なブックガイドです。

野崎昭弘『詭弁論理学』(中公新書, 1976 年) 40 年近く前に出た本だが,いまだに人気のあるロングセラー。とにかく,おもしろく読みながら,論理に対する興味がわいてくる。

本橋信義『今度こそわかる ゲーデル不完全性定理』(講談社, 2012 年) 新しい論理学を提唱する本橋さんの最新著,野崎さんの本とは,まったくスタイルが違う堅い本なので注意!「20 世紀論理学の金字塔」と言われるゲーデルの不完全性定理を目標に据えておくと,論理の勉強に精が出るかも! この定理は,初等算数についてさえ,すべての真理を導き出せるような公理系を作ることが不可能だ,という驚くべき内容をもつ。

戸田山和久『論理学をつくる』(名古屋大学出版会, 2000 年)

話題豊富で，初心者が独習していけると好評の本。巻末にブックガイドもあるが，これは初版のままでは少し古いので要改訂。かなり厚くて，値段が張るのでご注意！

内井惣七『いかにして推理するか いかにして証明するか』（ミネルヴァ書房，1981年） わたしのロングセラー。パズルを解きながら論理学の勉強！

内井惣七『推理と論理』（ミネルヴァ書房，2004年） 少し話を広げて，シャーロック・ホームズと確率論や科学方法論を，また，ルイス・キャロル『不思議の国のアリス』と『鏡の国のアリス』を題材に，ゲーデルの不完全性定理のサワリも！

　わたしのウェブサイトには，2005年度まで京都大学でやった「論理学演習」のページがある。補助教材が多数あるので見てください。http://www1.kcn.ne.jp/~h-uchii/Logic/index.html （教科書として使った『真理・証明・計算』は残部僅少だがまだ入手可能）

　そのほか，ウェッブ上には，日本の若い優秀な論理学者たちによる文献リストや資料集が出ておりますので，検索してみてください。ツイッターでも検索できます（「論理学」の検索ワードで）。

索　引

あ行

アリストテレス …… 46, 81-83, 85, 86, 88, 94, 103-105, 133
意味論的 …… 187, 191, 193, 194, 195
意味論的パラドックス
　………………………… 194, 195
うそつきパラドックス
　………………………… 193, 194
演繹 ……… 22, 31-33, 41, 50, 53
演繹的推論 …… 22, 35, 36, 39, 49, 55, 56

か行

解析（分析）………………… 47
確率 ……………… 37, 38, 40, 42
仮定 ………………………… 18
関係 ……………… 158, 159, 199
関数 …… 108, 109, 111, 132-134, 139, 144, 188, 207
カントール，G. ………… 178
疑似パラドックス ………… 195
帰納 ………………… 22, 31-33
帰納推理（帰納的推論）…… 22, 32, 36-39, 41, 42, 49, 51
逆方向の推理 …… 33-36, 38, 43, 49-51, 100
逆命題 ……………………… 72-75
グレリンクのパラドックス
　……………… 181, 184, 185, 194
結論 …… 18, 23, 26, 29, 31-33, 36, 37, 62, 80, 90-92, 96, 98, 105

限量 …………… 135, 137, 138, 144
限量子 ……… 136, 138, 144, 145, 149, 150, 153, 154, 162, 164, 199, 204
恒真文（トートロジー）…… 79
構文論的 …… 187, 188, 192, 193
公理的方法 ……… 172-174, 188, 194, 201
個体領域 ………… 150, 153, 158, 163-165

さ行

三段論法 …… 46, 81-83, 86, 88, 90, 93-96, 98, 100, 103, 104, 129, 131, 132, 138, 142
ジェヴォンズ，W. S. …… 55, 58, 60, 81, 82, 85, 95, 103-105, 110, 111, 131
集合 …………… 175-179, 184, 195
集合論 …… 175, 176, 178-180, 184, 194, 195, 204
十分条件 …………… 22, 23, 75, 76
自由変項 …… 143-145, 148, 154, 164, 165
述語 ……… 91, 131, 133, 144, 150, 151, 153, 154, 177, 187, 188, 190-194
述語論理 …… 144, 150, 151, 153, 157, 162, 163, 172, 174, 175, 199-202, 204
消去による推理 …… 55, 58, 63, 198
消去法 ……………… 61-64, 101

条件文 ……… 33, 70-72, 73, 75, 78-80, 84
証明 …… 25, 26, 31, 46, 52, 173, 174, 203
証明可能性 …………… 173, 174
真理関数 …… 108, 109, 111, 112, 116, 117, 123, 124, 129-132, 138, 141, 150, 162, 200, 206, 207
真理表 …… 67-74, 78, 79, 82, 96, 98, 99, 101, 103, 105, 107, 108, 113, 130, 153, 163, 164, 173, 198, 199
スイッチ（論理素子）……… 121
推論 …… 12, 15-19, 23, 26, 31, 32, 34, 36, 51, 60, 61, 67, 68, 79, 80, 88, 96, 97, 101, 105, 131, 138, 208, 209
推論の正しさ …… 67, 77, 79, 83, 84, 96, 103
選言 …… 59, 68, 69, 111, 173, 204
選言標準形 ………………… 111
全称記号 …… 135, 136, 139, 140 145, 146, 148, 149, 175
全称命題 ……… 84-86, 89, 91, 97 131, 138, 151, 153, 167, 203, 204
前提 …… 18, 23, 25, 26, 31-33, 36, 56, 57, 59, 61-63, 80, 92, 96, 98
綜合 …… 44, 52, 79, 132, 153, 154, 198, 208
綜合的推論 ……………… 33, 34
束縛変項 ………… 143-145, 148
存在記号 ……………… 135, 140
存在命題 …… 83, 90-92, 151, 154, 167

た行

対偶命題 ………………… 73, 74

対象言語 …………………… 194
妥当性 … 163, 164, 166, 174, 200, 202, 203
遅延素子（ディレイ）
　 …… 114-116, 121, 123, 124, 126, 127
定言命題 …… 86, 88, 97, 102, 104, 105, 131, 133, 137, 138
定理 ………………… 46, 172-174
デカルト, R. …… 15, 43-46, 52, 53, 57, 61-63, 79, 97, 111, 120, 132, 152, 154, 191, 198, 208
統計 …………………… 37, 41
統計的 ………………… 37-40
トートロジー ………… 79, 80, 82, 95-101, 103, 138, 141, 142, 162, 163, 198-200
特称命題 …… 84, 86, 97, 100, 138

な行

内部状態 ……………… 121-123
二値原理 ……………… 68, 71, 84
二値（の）コード ……… 119, 122
野田又夫 ………………… 45, 53

は行

必要条件 ………… 22, 23, 75, 76
否定 …………… 59, 61, 68, 69
ヒルベルト, D. ……… 173, 188
フィードバック ……… 115, 116
ブール, G. ……… 104, 105, 131
プラトン …………………… 18
フレーゲ, G. …… 82, 103, 105, 129, 131, 132, 134, 135, 138, 139, 141, 148, 152, 175-178, 204
プロタゴラス ………… 26-30, 195
分析 …… 12, 15, 47-53, 60-62, 97,

132, 189, 190, 191, 198, 201, 204, 208
分析（的）推理 …… 33, 34, 51, 57, 109, 152, 159
分析的（な）方法 … 53, 99, 119, 149, 174, 179
分析表 … 152-154, 160-163, 167, 169, 172, 203
変項 …… 132-135, 139, 144, 145, 150, 158, 177, 199, 207
ホームズ，シャーロック …… 15, 33, 43, 51, 55-58, 100

ま行

前向きの推理 …………………… 34
矛盾 … 29, 63, 165, 166, 177-179, 191, 192, 195
メタ言語 …………………… 194

や行

要素文 …… 59, 61, 64, 68-70, 78, 79, 82, 96, 100, 108, 110, 125, 141, 153

ら行

ラッセル，B. …… 177, 178, 184
ラッセルのパラドックス
    …………… 177-179, 184, 194
ラムジー，F. P. …………… 194
量化（限量）…………………… 135
連言 …… 60, 68, 69, 110, 141, 173
論点先取 …………………… 26
論理アルファベット …… 58-73, 81, 82, 85, 88-92, 97, 98, 103, 110, 111, 125
論理回路 …… 107, 114, 116, 120, 125, 126
論理結合子 …… 76-78, 82, 102, 108, 109, 111, 114, 135, 136, 204
論理尺 …… 63, 64, 74, 81, 88-91, 93, 94, 103
論理素子（スイッチ）…… 114

本書は、一九九二年三月、放送大学教育振興会より刊行された。

純然たる幸福	ジョルジュ・バタイユ 酒井健編訳	著者の思想の核心をなす重要論考20篇を収録。文庫化にあたり『呪われた部分』三部作として構想された『クレー』の禁忌に迫り、エロティシズムの批判』『ヘーゲル弁証法の基底への荒々しい力〈性〉の真骨頂たる一冊。（吉本隆明）本質を暴く、バタイユの真骨頂たる一冊。
エロティシズムの歴史	ジョルジュ・バタイユ 湯浅博雄／中地義和訳	バタイユが独自の視点で編んだニーチェ箴言集。ニーチェを深く読み直す営みから生まれた本書には二人の思想が相響きあっている。詳細な訳者解説付き。
ニーチェ覚書	ジョルジュ・バタイユ編著 酒井健訳	
入門経済思想史 世俗の思想家たち	R・L・ハイルブローナー 八木甫ほか訳	何が経済を動かしているのか。スミスからマルクス、ケインズ、シュンペーターまで、経済思想の巨人たちのヴィジョンを追う名著の最新版訳。
分析哲学を知るための 哲学の小さな学校	ジョン・パスモア 大島保彦／高橋久一郎訳	数々の名テキストで哲学ファンを魅了してきた分析哲学の大物が、現代哲学を総ざらい！思考や議論の技を磨きつつ、哲学史を学べる便利な一冊。
マクルーハン	W・テレンス・ゴードン 宮澤淳一訳	テクノロジーが社会に及ぼす影響を考察し、情報社会の新しい領域を開いたマクルーハンの思想をビジュアルに読み解く入門書。文献一覧と年譜付。
サルトル	D・D・パルマー 澤田直訳	小説家・政治活動家であり、哲学の地平上に「実存主義」を記したサルトル。その生涯をたどり思想と概念をビジュアルに紹介。用語集・年譜付。
ラカン	フィリップ・ヒル 新宮一成／村田智子訳	フロイトの精神分析学の跡を受け構造主義思想に多大な影響を与えたジャック・ラカン。きわめて難解とされるその思想をビジュアルに解く。（新宮一成）現代思
デリダ	ジェフ・コリンズ 鈴木圭介訳	「脱構築」「差延」の概念で知られるデリダ。現代思想に偉大な軌跡を残したその思想をわかりやすくビジュアルに紹介。丁寧な年表、書誌を付す。

死にいたる病
S・キルケゴール
桝田啓三郎訳

死にいたる病とは絶望であり、実存的な思索の深まりをデンマーク語原著から訳出し、詳細な注を付す。

天国と地獄
ジークフリート・クラカウアー
平井正訳

ブルジョア社会の虚栄の市、ナポレオン三世の成金宮廷、万博の賑わい——一九世紀パリを彩るオペレッタの世界を中心に描く、「都市の伝記」。

ニーチェと悪循環
ピエール・クロソウスキー
兼子正勝訳

永劫回帰の啓示がニーチェに与えたものは、同一性の下に潜在する無数の強度の解放である。二十一世紀にあざやかに蘇る、逸脱のニーチェ論。

世界制作の方法
ネルソン・グッドマン
菅野盾樹訳

世界は「ある」のではなく、「制作」されるのだ。芸術・科学・日常経験・知覚など、幅広い分野で徹底した思索を行ったアメリカ現代哲学の重要著作。

新編 現代の君主
アントニオ・グラムシ
上村忠男編訳

労働運動を組織しイタリア共産党を指導したグラムシ。獄中で綴られたそのテキストから、いま読み直されるべき重要な29篇を選りすぐり註解する。

ハイデッガー『存在と時間』註解
マイケル・ゲルヴェン
長谷川西涯訳

難解をもって知られし『存在と時間』全八三節の思考を、初学者にも一歩一歩追体験させ、高度な内容を読者に確信させ納得させる唯一の註解書。

色彩論
ゲーテ
木村直司訳

数学的・機械論的近代自然科学と一線を画し、自然の中に「精神」を読みとろうとする特異で巨大な自然観を示した思想家・ゲーテの不朽の業績。

倫理問題101問
マーティン・コーエン
樽沼範久訳

何が正しいことなのか。医療・法律・環境問題等、私たちの周りに溢れる倫理的なジレンマから101の題材を取り上げて、ユーモアも交えて考える。

哲学101問
マーティン・コーエン
矢橋明郎訳

全てのカラスが黒いことを証明するには? コンピュータと人間の違いは? 哲学者たちが頭を捻った101問を、譬話で考える楽しい哲学者読み物。

書名	著者	訳者	紹介
哲学について	ルイ・アルチュセール	今村仁司訳	カトリシズムの救済の理念とマルクス主義の解放の思想との統合をめざしフランス現代哲学を領導した孤高の哲学者。その到達点を示す歴史的文献。
スタンツェ	ジョルジョ・アガンベン	岡田温司訳	西洋文化の豊饒なイメージの宝庫を自在に横切り、愛・言葉そして喪失の想像力が表象に与えた役割をたどる。21世紀を牽引する哲学者の博覧強記。
プラトンに関する十一章	アラン	森進一訳	『幸福論』が広く静かに読み継がれているモラリスト、アラン。卓越した哲学教師でもあった彼が平易かつ明快にプラトン哲学の精髄を説いた名著。
重力と恩寵	シモーヌ・ヴェーユ	田辺保訳	「重力」に似たものから、どのようにして免れればよいのか……ただ「恩寵」によって。苛烈な自己無化への意志に貫かれた、独自の思索の断想集。ティボン編。
ヴェーユの哲学講義	シモーヌ・ヴェーユ	渡辺一民/川村孝則訳	心理学にはじまり意識・国家・身体を考察するリセ最高学年哲学学級で一年にわたり行われた独創的かつ自由な講義の記録。ヴェーユの思想の原点。
有閑階級の理論	ソースティン・ヴェブレン	高哲男訳	ファッション、ギャンブル、スポーツに通底する古代略奪文化の痕跡を「顕示的消費」として剔抉し代経済人類学・消費社会論的思索の嚆矢。
論理哲学論考	L・ウィトゲンシュタイン	中平浩司訳	世界を思考の限界にまで分析し、伝統的な哲学問題すべてを解消する――二〇世紀哲学を決定づけた著者の野心作。生前刊行した唯一の哲学書。新訳。
青色本	L・ウィトゲンシュタイン	大森荘蔵訳	「語の意味とは何か」。端的な問いかけで始まるこのコンパクトな書は、初めて読むウィトゲンシュタインとして最適な一冊。(野矢茂樹)
大衆の反逆	オルテガ・イ・ガセット	神吉敬三訳	二〇世紀の初頭、《大衆》という現象の出現とその功罪を論じながら、自ら進んで困難に立ち向かう《真の貴族》という概念を対置した警世の書。

メルロ=ポンティ・コレクション
M・メルロ=ポンティ　中山元編訳

意識の本性を探究し、生活世界の現象学的記述を実存主義的に企てたメルロ=ポンティ。その思想の粋を厳選して編んだ入門のためのアンソロジー。

心身の合一
モーリス・メルロ=ポンティ　滝浦静雄/中村文郎訳

近代哲学において最大の関心が払われてきた問題系、心身問題を再検討し、三つの時代を代表する哲学者の思想を再検討し、新しい心身観に照らす。

知覚の哲学
モーリス・メルロ=ポンティ　菅野盾樹訳

時代の動きと同時に、哲学自体も大きく転身した。それまでの存在論の転回を促したメルロ=ポンティ哲学と現代哲学の核心を自ら語る。

空飛ぶ円盤
C・G・ユング　松代洋一訳

UFO現象を象徴比較や夢解釈を駆使して読み解こうとする試み。生前に刊行された最後の著書。

哲学入門
バートランド・ラッセル　髙村夏輝訳

誰にも疑えない確かな知識は、この世にあるのだろうか。近代哲学が問い続けてきた諸問題を、これ以上なく明確に説く哲学入門書の最高傑作。

論理的原子論の哲学
バートランド・ラッセル　髙村夏輝訳

世界は原子論的事実で構成されていると論理的分析の中で展開する分析哲学。現代哲学史上あまりに名高い講演録。本邦初訳。

存在の大いなる連鎖
アーサー・O・ラヴジョイ　内藤健二訳

西洋人が無意識裡に抱き続けてきた「存在の大いなる連鎖」という観念、その痕跡をあらゆる学問分野に探り「観念史」研究を確立した名著。

場所の現象学
エドワード・レルフ　高野岳彦/阿部隆/石山美也子訳

〈没場所性〉が支配する現代において「場所のセンス再生の可能性」はあるのか。空間創出行為を実践的に理解しようとする社会的場所論の決定版。

レヴィナス・コレクション
エマニュエル・レヴィナス　合田正人編訳

人間存在と暴力について、独創的な倫理にもとづく存在論哲学を展開し、現代思想に大きな影響を与えているレヴィナス思想の歩みを集大成。

実存から実存者へ
エマニュエル・レヴィナス　西谷　修 訳

世界の内に生きて「ある」とはどういうことか。存在とは「悪」なのか。アウシュヴィッツ以後の哲学的思索の極北を示す記念碑的一冊。自らの思想の形成と発展を、代表的著作にふれながら語ったインタビュー。平易な語り口で、自身によるレヴィナス思想の解説とも言える魅力的な一冊。

倫理と無限
エマニュエル・レヴィナス　西山雄二 訳

黙示録論
D・H・ロレンス　福田恆存 訳

抑圧が生んだ歪んだ自尊と復讐の書「黙示録」を読みとき、現代人が他者を愛することの困難とその克服を切実に説いた20世紀の名著。（高橋英夫）

ニーチェを知る事典
西尾幹二 編

「読むニーチェ事典」。彼の思想の深淵と多面的世界を様々な角度から描き出す。巻末に読書案内（清水真木）を増補。

西洋哲学小事典
概念と歴史がわかる
生松敬三/木田元/伊東俊太郎/岩田靖夫 編

50人以上の錚々たる執筆者による、ホンモノかつコンパクトな哲学事典。教養を身につけたい人、議論したい人、レポート執筆時に必携の便利な一冊！

命題コレクション　哲学
坂部恵 武 編

ソクラテスからデリダまで古今の哲学者52名の思想各分野を代表する大物が解説する。各分野の第一人者が簡潔かつ丁寧に解説した、定評ある社会学辞典。

命題コレクション　社会学
作田啓一/井上俊 編

社会学の生命がかよう具体的な内容を、各分野の第一人者が簡潔かつ丁寧に読んで面白い48の命題の形で提示した、定評ある社会学辞典。

貨幣論
岩井克人

貨幣とは何か？ おびただしい解答があるこの命題に、『資本論』を批判的に解読することにより最終解答を与えようとするスリリングな論考。

二十一世紀の資本主義論
岩井克人

市場経済にとっての真の危機、それは「ハイパー・インフレーション」である。21世紀の資本主義のゆくえ、市民社会のありかたを問う先鋭的論考。

レポートの組み立て方	木下是雄	正しいレポートはどうすべきか。『理科系の作文技術』で話題を呼んだ著者が、豊富な具体例をもとに、そのノウハウをわかりやすく説く。
深く「読む」技術	今野雅方	「点が取れる」ことと「読める」ことは、実はまったく違う。どうすれば「読める」のか？読解力を培い自分で考える力を磨くための徹底訓練講座。
どうして英語が使えない？	酒井邦秀	『でる単』と『700選』で大学には合格した。でも、少しも英語ができるようにならなかった「あなた」へ。学校英語の害毒を洗い流すための処方箋。
快読100万語！ペーパーバックへの道	酒井邦秀	辞書はひかない！わからない語はとばす！すぐ読めるやさしい本をたくさん読めば、ホンモノの英語が自然に身につく。奇跡をよぶ実践講座。
さよなら英文法！多読が育てる英語力	酒井邦秀	「努力」も「根性」もいりません。愉しく読むうちに豊かな実りがあなたにも。人工的な「日本英語」を棄て真の英語力を身につけるためのすべてがここに！
翻訳仏文法（上）	鷲見洋一	多義的で抽象性の高いフランス語を、的確で良質な日本語に翻訳するコツを伝授します！多彩な訳例と実用的な技術満載の名著、待望の文庫化。
翻訳仏文法（下）	鷲見洋一	原文の深層からメッセージを探り当て、それに言葉を与えて原文の「姿」を再構成するのが翻訳だ——初学者にも専門家にも読んで納得の実践的翻訳論。
ことわざの論理	外山滋比古	「隣の花は赤い」「急がばまわれ」……お馴染のことわざの語句や表現を味わい、あるいは英語の言い回しと比較して、日本語の心性を浮き彫りにする。
知的創造のヒント	外山滋比古	あきらめていたユニークな発想が、あなたにもできます。著者の実践する知的習慣、個性的なアイデアを生み出す思考トレーニングを紹介！

論理的思考のレッスン

二〇一三年六月十日　第一刷発行

著　者　内井惣七（うちい・そうしち）
発行者　熊沢敏之
発行所　株式会社筑摩書房
　　　　東京都台東区蔵前二-五-三　〒一一一-八七五五
　　　　振替〇〇一六〇-八-一四一二三三
装幀者　安野光雅
印刷所　明和印刷株式会社
製本所　株式会社積信堂

乱丁・落丁本の場合は、左記宛に御送付下さい。
送料小社負担でお取り替えいたします。
ご注文・お問い合わせも左記へお願いします。
筑摩書房サービスセンター
埼玉県さいたま市北区櫛引町二-一-六〇四　〒三三一-八五〇七
電話番号　〇四八-六五一-〇〇五三一
© SOSHICHI UCHII 2013 Printed in Japan
ISBN978-4-480-09549-7 C0110

ちくま学芸文庫